21,07

Judo perfekt 1

Kurt Fuchs

Judo perfekt 1

Grundlegende Bewegungsformen und Go-kyo

FALKEN

Im FALKEN Verlag sind zahlreiche Budo-Bücher erschienen. Fragen Sie bitte Ihren Buchhändler

Die Deutsche Bibliothek – CIP-Einheitsaufnahme

Fuchs, Kurt:
Judo perfekt / Kurt Fuchs. – Niedernhausen/Ts. : FALKEN
(FALKEN Bücher : Sport)
1. Grundlegende Bewegungsformen und Go-kyo. – 1992
ISBN 3-8068-1249-7

ISBN 3 8068 1249 7

Titelbild: Foto Studio G+M Köhler, Leonberg-Ramtel
Fotos: Uwe Schuricke, Köln
Reihengestaltung: Zembsch' Werkstatt, München,
Vignette: Christine Fellner, Lahnstein

Satz mit elektronischer Bildintegration: Grunewald Satz & Repro GmbH, Kassel
Druck: Konkordia Druck GmbH, Bühl/Baden

817 2635 4453 6271

Inhalt

Abb. 1

Kurt Fuchs

Kurt Fuchs wurde 1934 in Essen geboren. Als Kriminalhauptkommissar kam er 1955 durch seinen Beruf mit Judo in Verbindung. Im Polizeisportverein Dortmund und Köln begann dann auch seine aktive Judolaufbahn – zunächst als Kämpfer in einer Oberligamannschaft –, und als Vereinsjugendleiter brachte er seine Schülermannschaft in Nordrhein-Westfalen zu zahlreichen Erfolgen.

Von 1969 bis 1987 amtierte er als 1. Vorsitzender des Kreises Köln und Lehrwart des Nordrhein-Westfälischen Judo-Verbandes (NWJV). Von 1971 bis 1989 war er Vizepräsident des NWJV und von 1985 bis 1988 als Vizepräsident des Deutschen Judobundes u. a. für das Lehrwesen zuständig.

Bei Wolfgang Hofmann, dem Olympiazweiten von Tokio 1964, und Mahito Ohgo, dem damaligen Landestrainer im NWJV, absolvierte er seinerzeit die Prüfung zum Judolehrer.

Noch heute ist Kurt Fuchs als Referent, DAN-Prüfer, Jugendleiter des Kreises Köln und Bundeskampfrichter sehr aktiv und an fast jedem Wochenende in Sachen Judo unterwegs.

1972 gründete er den Verein Mattenfüchse Köln-Südstadt, den er seither leitet. Seit 1985 ist Kurt Fuchs Träger des 6. DAN-Judo.

Abb. 2

Wolfgang Hessing

Sein Partner in diesem Buch ist Wolfgang Hessing. Er ist Träger des 3. DAN-Judo und war von 1969–1972 Schüler von Kurt Fuchs sowie Mitglied dessen erfolgreicher Schülermannschaft. Wolfgang Hessing, 1957 in Köln geboren, von Beruf Polizeibeamter, ist seit 1978 Judo-Übungsleiter. Seit 1987 leitet er im JC Mattenfüchse Köln-Südstadt erfolgreich die Jugendabteilung.

Einige Worte vorab

Judo, „Der sanfte Weg" oder „Siegen durch Nachgeben", ist zwar eine Wettkampfsportart – wobei die Betonung sicherlich auf der Silbe „Kampf" liegt –, aber keinesfalls dazu gedacht, Rowdys oder Schläger auszubilden. Es ist vielmehr eine Schulung von Körper und Geist, welche die Entwicklung des Menschen positiv beeinflussen soll.

Neben dem reinen Erlernen der Wettkampftechniken ist es daher wichtig, sich im Trainingsprozeß gegenseitig zu unterstützen und zu helfen, damit der Trainingserfolg nicht ausbleibt. Ohne einen guten Freund und willigen Partner kann man keine Judotechniken erlernen. Deshalb muß sich jeder Judoka für seinen Partner verantwortlich fühlen. Dies drückt er aus, indem er ihm mit Höflichkeit und Respekt entgegentritt, ihm die erforderliche Hilfestellung gibt und sich dafür bei ihm bedankt. Nur willige Übungspartner, die bereit sind, sich werfen zu lassen oder auf erkannte Fehler hinweisen, sichern den Lernfortschritt. Zusätzlich muß ein Judoka aber auch bereit sein, mit jedem sich bietenden Partner zu üben.

Jeder Gegenüber verhält sich anders und reagiert unterschiedlich, so daß man lernt, eine Technik in verschiedenen Situationen anzuwenden und in mehreren Varianten auszuführen.

Übt man immer nur mit dem gleichen Partner, stellt man sich auf diesen ein und es kommt zur Herausbildung von Bewegungsstereotypen, welche den Aufbau eines umfangreichen Bewegungsrepertoires blockieren.

Erst das Üben mit mehreren verschiedenen Partnern verhilft zum Erfolg.

Die in diesem Buch aufgeführten 40 Grundtechniken sind in fünf Gruppen zu je acht Wurftechniken zusammengestellt und dienen der Anfängerausbildung und der Gürtelprüfung bis zum braunen Gürtel *(1. Kyo).*

Wenn eine Wurftechnik gelingen soll, kommt es zunächst auf das richtige Fassen des Partners an. Anschließend muß dessen Gleichgewicht richtig gebrochen werden; erst dann ist es möglich, ihn zu werfen, denn ein Judoka, der fest auf beiden Beinen steht, läßt sich nicht so leicht durch die Luft wirbeln.

Erst wenn er sich in einem labilen Zustand befindet, kann er geworfen werden. Natürlich bleibt ein Partner im Training und insbesondere auch im Wettkampf nicht still auf einem Fleck stehen und wartet, bis der andere sich endlich in den Wurf eingedreht hat.

Ausgehend von dieser Erkenntnis wird deutlich, daß die Einleitung einer Wurftechnik niemals gleich ist, sondern stets von den jeweiligen Gegebenheiten abhängt. So kann sie in der Bewegung auf vielerlei Art und Weise angesetzt und ausgeführt werden, je nachdem wie sich der Partner verhält.

Diese Vielfalt der möglichen Bewegungsabläufe kann in einem Buch aus verständlichen Gründen nicht umfassend dargestellt werden. Vielmehr ist die Darstellung der Wurftechniken auf die wichtigsten Prinzipien beschränkt. Erst wenn man das Eindrehen in den Wurf und das Gleichgewichtbrechen im Stand geübt hat, kann man dies auch aus verschiedenen Bewegungen heraus anwenden, beispielsweise vorwärts, rückwärts, in der Kreis- oder Zick-Zack-Bewegung oder als Reaktion auf einen Angriff des Partners.

Der milde, sanfte (Ju) Weg (Do), vom Beginn des Studiums bis hin zum erfolgreichen sportlichen Wettkampf, ist lang und sehr mühsam. Aber auch er beginnt mit dem ersten Schritt.

Judo im Anfängerunterricht

In den meisten Judovereinen findet das Training in einer Schulturnhalle statt. Hier beginnt und endet das Üben in der Regel mit dem Mattenauf- und -abbau. Die Judomatte *(Tatami)*, war früher aus Reisstroh und wird heutzutage aus gepreßtem Schaumstoff hergestellt.

Meistens besteht sie aus Platten, die eine Fläche von 1 m^2 aufweisen und auch von Kindern verhältnismäßig leicht transportiert werden können. Diese Platten werden zu einer Gesamtfläche (Wettkampfmatte) zusammengelegt. Sie soll rutschfest sein. Deshalb sind die einzelnen Elemente an der Unterseite gummiert, während die Oberfläche aus hygienischen Gründen mit PVC überzogen ist.

Bei einer Stärke von etwa 4 cm ist sie trotzdem relativ unelastisch, weil sie einerseits den Aufschlag mildern soll, andererseits aber auch so hart sein muß, daß die Füße festen Halt haben.

Aus diesem Grunde ist es angebracht, die Matte möglichst auf einem Schwingboden auszulegen.

Bevor man mit dem Judotraining beginnt, sollte man sich auf alle Fälle sportärztlich untersuchen lassen, denn eine starke, aber durchaus wünschenswerte Belastung des Herz-Kreislauf-Systems geht stets damit einher. Insbesondere sollten Lebensältere, deren letzte sportliche Betätigung schon längere Zeit zurückliegt, darauf ganz besonders achten.

Zur Erhaltung der Gesundheit trägt aber auch die Einhaltung einiger hygienischer Grundregeln bei: Nicht nur die Judomatten, sondern auch die Judokleidung muß regelmäßig gereinigt werden, Finger und Fußnägel stets kurz geschnitten sein, und da Judo mit nackten Füßen auf der Judomatte geübt wird, muß der Judoka auch darauf achten, daß seine Füße stets sauber sind.

Für den Anfänger reicht es normalerweise aus, wenn er zweimal wöchentlich eineinhalb bis zwei Stunden am Judotraining teilnimmt.

Traditionell betreibt man Judo in der japanischen Kleidung, dem Kimono, auch *Judo-gi* genannt (Abb. 3). Er wird aus einem sehr reißfesten Baumwollstoff gefertigt und besteht aus Jacke, Hose und Gürtel. Unter dem *Judo-gi* tragen männliche Judoka nichts, weibliche hingegen sind verpflichtet, darunter ein T-Shirt anzuziehen.

Der Anfänger trägt grundsätzlich zum *Judo-gi* einen weißen Gürtel. Erst wenn er einige Techniken beherrscht, kann er durch entsprechende Prüfungen, je nach Leistungsstand, einen Gürtel mit einer anderen Farbe erwerben und zum *Judo-gi* tragen.

Je dunkler die Gürtelfarbe ist, desto höher ist der Leistungsgrad. Die Schülergrade haben dementsprechend folgende Farbunterteilungen:

Abb. 3

5. Kyo (1. Stufe): gelber Gürtel
4. Kyo (2. Stufe): oranger Gürtel
3. Kyo (3. Stufe): grüner Gürtel
2. Kyo (4. Stufe): blauer Gürtel
1. Kyo (5. Stufe): brauner Gürtel

Die Meister-(DAN)Grade tragen vom 1. bis zum 5. DAN einen schwarzen Gürtel.

Ab dem 6. DAN-Grad darf man wahlweise einen schwarzen oder rot-weißen Gürtel tragen.

Ein Anfänger lernt zunächst das richtige Fallen, um seinen Körper bei Wurftechniken richtig abzufangen und Verletzungen zu vermeiden. Erst danach befaßt er sich mit den Stand- und Bodentechniken. Beim Erlernen einer Technik hilft es sehr, von bekannten Würfen oder Bewegungen auszugehen. Selbständigkeit, Spontaneität und Freude an der Bewegung stehen insbesondere beim Training mit Kindern im Vordergrund und werden entsprechend gefördert.

Anfänger führen alle Techniken zuerst im Stand und danach in der Bewegung durch, wobei jeder Bewegungsablauf eines Wurfes nicht nur über die rechte, sondern auch über die linke Seite geübt wird.

Nachher kann und muß man die Techniken auch wettkampforientiert trainieren.

Fehlerkorrektur

Wenn sich in einem Bewegungsablauf einmal ein Fehler eingeschlichen und dieser sich durch zahlreiche Wiederholungen „eingeschliffen" hat, ist es stets wesentlich schwieriger, diesen Fehler wieder auszumerzen, als beispielsweise einen ganz neuen Bewegungsablauf zu erlernen. Zumal die Korrektur eines Fehlers immer mit einem, wenn auch nur zeitweiligen, Leistungsverlust einhergeht. Deshalb ist es in jeder Phase des motorischen Lernens von enormer Wichtigkeit, auftretende Fehler sofort zu erkennen und abzustellen. Um jedoch einen Fehler erkennen zu können, ist die Kenntnis des richtigen Bewegungsablaufs und seiner wichtigsten Elemente unerläßlich. Wenn man einen Fehler erkannt hat, kann man den auf dreierlei Art und Weise abstellen:

1. verbal, d. h. mit Hilfe mündlicher Erklärung;
2. visuell, d. h. durch Eigen- oder Fremddemonstration (Fotos, Bilderreihe, Videos) des jeweils richtigen Bewegungsablaufs;
3. sensitiv, d. h., man ermöglicht durch entsprechende Hilfestellung dem Übenden die Empfindung des richtigen Bewegungsablaufs – er „begreift mit dem Körper".

Bei der Klassifizierung von Fehlern unterscheidet man nach dem Grad des Haftens einerseits und nach dem Grad des Abweichens andererseits. Der Grad des Abweichens gibt an, inwieweit die falsch ausgeführte Bewegung von der richtigen Bewegungsausführung abweicht. Hier führen sogenannte „Grobfehler" fast immer zu einem Mißlingen der Technik, während „Feinfehler" das Gelingen beispielsweise eines Wurfes durchaus zulassen, aber zu graduellen Abweichungen von der idealen Bewegungsform führen und sich negativ auf die Gesamtleistung auswirken.

Unter dem Grad des Haftens versteht man das Ausmaß, wie sehr die fehlerhafte Bewegung sich bereits eingeschliffen hat. Er hängt im wesentlichen von der Anzahl der Wiederholungen des Fehlers ab. Sogenannte „Gewohnheitsfehler", die oft durch selbständiges Üben ohne Fehlerkorrektur entstehen, sind – wie bereits erwähnt – nur sehr schwierig in einem langwierigen Prozeß wieder zu korrigieren. Und selbst wenn sie durch die richtige Technik ersetzt zu sein scheinen, kann es vorkommen, daß sie in Streßsituationen (Wettkampf) wieder auftreten.

Deshalb: Beim Lernen und Üben steht die Vermeidung fehlerhafter Bewegungsab-

Abb. 4

Abb. 5

läufe durch rechtzeitige Korrektur immer an erster Stelle.

Um aber Fehler abstellen zu können, genügt es nicht nur, sie zu registrieren, sondern man muß vor allem ihre Ursache erkennen, wenn beispielsweise der Wurf nicht unter dem Schwerpunkt des Partners angesetzt worden oder der Kontakt zum Partner nicht eng genug ist.

Alle Maßnahmen, die ergriffen werden, um Fehler zu korrigieren, müssen sich sofort und unmittelbar auf den gemachten Fehler beziehen. Je schneller dies geschieht und je besser dies auf die individuellen Gegebenheiten der einzelnen Lernenden abgestimmt ist, desto erfolgrei-

Abb. 6

cher sind alle Korrekturmaßnahmen. In der Anfängerausbildung ist der Bewegungsablauf noch nicht richtig ausgeprägt, deshalb kann der Hauptfehler während des Übens verbessert werden:

a) durch Zuruf in dem Moment, in dem der Fehler gemacht wird;
b) durch eine Demonstration (des Trainers oder Übungsleiters), wie die Technik richtig ausgeführt werden sollte;
c) durch Helfen, indem man dem Lernenden die Empfindung des richtigen Bewegungsablaufs ermöglicht, d. h., man schiebt oder „stößt" ihn in die richtige Position (Abb. 4–6).

Bei der Fehlerkorrektur darf man sich niemals mit Nebensächlichkeiten aufhalten, sondern muß immer zuerst den Hauptfehler – den Fehler, der die optimale Bewegungsausführung am meisten behindert – angehen. Wenn beispielsweise ein Judoka bei einem Hüftwurf versäumt, seine Aktion unter dem Schwerpunkt des Partners anzusetzen, gleichzeitig aber auch mit einer Hand etwas zu hoch oder zu tief greift, ist der erste Fehler mit Sicherheit der bedeutendere. Den falschen Griff sollte der Trainer nur am Rande erwähnen, es sei denn, er war für den Hauptfehler mit ursächlich.

Eine weitere Methode der Fehlerkorrektur ist das phasenhafte Zerlegen eines Bewegungsablaufs; man kann dann Fehler in bestimmten Phasen gezielt beheben. Auch die übertriebene Ausführung einer

Abb. 7

noch mangelhaften Bewegungsphase kann zur Korrektur führen. Liegt der Fehler in der Schwierigkeit der Aufgabenstellung begründet, sollte man den Bewegungsablauf unter erleichterten Bedingungen üben, beispielsweise zuerst ohne Partner, dann mit dem Partner. Oder: Der Partner läßt sich zu Beginn werfen und leistet erst in der Folgezeit mehr und mehr Widerstand.

Eine weitere Möglichkeit, Fehler zu korrigieren, ist das Schaffen von Orientierungshilfen. Diese Orientierungshilfen können z. B. die Mattenlinie oder auch der auf den Boden gelegte Gürtel sein (Abb. 7), nach denen man sich richtet. Macht ein Übungsleiter eine Technik richtig vor und demonstriert danach die fehlerhafte Ausführung eines Schülers, dann besteht die Gefahr, daß der falsche Bewegungsablauf nachher besser im Gedächtnis der Schüler haftet als der richtige. Deshalb sollte man immer zuerst den Fehler und dann den richtigen Bewegungsablauf zeigen. Je deutlicher der richtige Bewegungsablauf vorgestellt oder je klarer er demonstriert und erklärt wird, um so zielstrebiger und schneller kann er beherrscht werden.

Aufwärmen und Trainieren

Im allgemeinen sollte das Aufwärmen in einer Trainingseinheit – je nach deren Dauer – etwa 20 bis 30 Minuten in Anspruch nehmen. Es macht den Körper bewegungsbereit und beugt damit Verletzungen vor, für die kalte Muskulatur besonders anfällig ist. Aufwärmen bedeutet also eine körperliche und geistige Einstimmung auf das Training.

Wie man sich aufwärmt, kann sehr unterschiedlich sein und hängt oft von den Zielen und dem Programm der folgenden Trainingseinheit ab. Was jedoch niemals fehlen darf, ist eine Gymnastik, die alle wesentlichen Muskelgruppen dehnt, lokkert und kräftigt.

Ein Aufwärmprogramm mit Kindern muß, wann immer es geht, spielerisch gestaltet sein. Hier bieten sich vor allem Übungen an, die Gewandtheit und Geschicklichkeit fordern und fördern. Es kommt dabei sehr auf die Dosierung der

Abb. 8: Trainingsbetrieb

einzelnen Übungen an, und vor allem darf die Abwechslung nicht zu kurz kommen. Zu hohe oder zu geringe Anforderungen führen bei Kindern sehr rasch zu einem Verlust der nötigen Begeisterung. Deshalb ist es auch nicht empfehlenswert, mit Kindern eine Art „Nachahmungsgymnastik" durchzuführen. Sie würde sehr bald langweilig und den natürlichen Spieltrieb hemmen, der bei Kindern besonders stark ausgeprägt ist. Partnerübungen und Gruppenspiele sowie kindgemäße Aufgabenstellungen, die dem Alltag entnommen sind, wie beispielsweise „Entengang", „Froschhüpfen" u. a., stehen im Vordergrund. Leicht zu motivieren sind Kinder vor allem dann, wenn man durch bestimmte Aufgaben, die durchaus Wettkampfcharakter haben können, ihren Ehrgeiz weckt: „Wer kann das ...?",
„Wer kann am schnellsten ...?",
„Wer kann am besten ...?", sind einleitende Floskeln, die in die richtige Richtung weisen.

Aufwärmen wird aber nicht nur angewandt, um den Körper bewegungsbereit zu machen und Verletzungen vorzubeugen. Vielmehr steht daneben auch schon in dieser frühen Phase einer Trainingseinheit die Herausbildung allgemeiner körperlicher Fähigkeiten (Kondition) im Vordergrund.

Die konditionellen Fähigkeiten sind Voraussetzung zum Erlernen der Judotechniken. Man unterteilt sie in Ausdauer, Kraft, Schnelligkeit, Beweglichkeit und Gewandtheit. Im folgenden finden Sie sowohl Erläuterungen zu den konditionellen Fähigkeiten als auch einige Übungen, die einerseits beim Aufwärmen, andererseits aber auch beim speziellen Training einer dieser Fähigkeiten Anwendung finden können.

Gewandtheit

Unter Gewandtheit versteht man die Fähigkeit, Bewegungen zweckmäßig optimal zu koordinieren. Sie spielt – wie man sich leicht vorstellen kann – im Judo eine herausragende Rolle, denn ein Judoka muß viele komplizierte Bewegungsabläufe lernen und sie dann im Wettkampf unter Einwirkung des Gegners in sich ständig ändernden Situationen jeweils richtig anwenden.

Gewandtheitsübungen

1. Alle laufen durcheinander, ohne sich anzurempeln. Nach und nach wird der Raum verkleinert.

2. Alle laufen durcheinander. Auf Kommando des Trainers nehmen die Judoka Sitzhaltung, Kniestand, Bauchlage oder Rückenlage ein oder lassen sich rückwärts oder seitwärts fallen.

3. Partnerübung: Der Vordermann bewegt sich im Raum; er läuft, hüpft oder springt. Sein Partner imitiert ihn.

Abb. 9

Abb. 10

4. Wer kann am längsten auf einem Bein stehen?
- mit offenen Augen;
- mit offenen Augen und dem Kopf im Nacken;
- mit geschlossenen Augen;
- mit geschlossenen Augen und Kopf im Nacken.

5. Partnerübung: Die Partner binden jeweils ein Bein zusammen und hüpfen um die Matte oder machen einen Wettlauf mit einem anderen Paar (Abb. 9).

6. Hinkkampf: Auf einem Bein hüpfend versuchen zwei „Streithähne", den jeweils anderen aus dem Gleichgewicht zu bringen. Man kann dabei auch ein Turnier nach dem japanischen Kampfsystem austragen (Abb. 10). Dann bleibt der Sieger auf der Matte und kämpft gegen den nächsten „Herausforderer".

7. Aus der Rücken- oder Bauchlage ohne Zuhilfenahme der Hände so schnell wie möglich aufstehen.

8. Partnerübung: Wer kann dem jeweils anderen wie oft auf die Füße treten?

9. Partnerübung: Wer kann im Liegestütz dem jeweils anderen eine oder beide Hände wegziehen (Abb. 11)?

10. Partnerübung: Im Hockstand die Hände fassen und anschließend – wie beim

Abb. 11

Tanz der Kosaken – abwechselnd und gegengleich das rechte und linke Bein strekken und wieder beugen.

Beweglichkeit

Unter Beweglichkeit versteht man die Fähigkeit, Bewegungen mit großer Schwingungsweite der Gelenke auszuführen. Ein Judoka benötigt zum schnellen Erlernen und zum richtigen Vollzug der meisten Judotechniken auch ein außerordentliches Maß an Beweglichkeit. Sie hilft ihm außerdem, Verletzungen zu vermeiden, die durch Einwirkung des Gegners entstehen könnten. Zur Schulung der Beweglichkeit zieht man vor allem Dehnungsübungen heran, die in erster Linie auf die Muskulatur wirken, in zweiter Linie auch auf den Bandapparat. Beim Dehnen (heute neudeutsch oft „Stretching" genannt) entfernt man Ansatz und Ursprung eines Muskels oder einer Muskelgruppe langsam und kontinuierlich – niemals ruckartig – und hält die individuell unterschiedliche Endposition etwa 10 bis 20 Sekunden. Zu jedem Aufwärmen und somit zu jeder Trainingseinheit gehört das Dehnen aller wichtigen Muskelgruppen stets dazu.

Schnelligkeit

Der Begriff Schnelligkeit kennzeichnet die konditionelle Fähigkeit, Bewegungen innerhalb kürzester Zeit auszuführen. Sie findet ihren Ausdruck sowohl in der Bewegungsschnelligkeit der Einzelbewegung als auch in der Fortbewegungsschnelligkeit, der Fähigkeit sich mit höchstmöglicher Geschwindigkeit fortzubewegen. Grundlagen außerordentlicher Schnelligkeitsleistungen sind:

- eine angemessene Geschwindigkeit der Nervenprozesse;
- Schnellkraft als konditionelle Grundlage;
- Dehnbarkeit, Entspannungsfähigkeit und Elastizität der Muskeln und Muskelgruppen;
- Willensstoßkraft, besonders in Sportarten ohne äußeren Zwang. (Dazu gehört auch das Judo, wo der Athlet nicht durch beispielsweise einen Startschuß veranlaßt wird, maximal zu agieren, sondern es seinem Willen unterliegt, wann er größtmögliche Schnelligkeit einsetzt);
- gute Qualität der jeweiligen sportlichen Technik;
- biochemische Mechanismen (Energievorräte im Muskel und das Tempo deren Mobilisation).

Schnelligkeitstraining beansprucht durch die Aufbietung aller Kräfte für die schnelle Bewegung Muskeln, Sehnen, Bänder und das Nervensystem sehr stark. Das verlangt – auch um Verletzungen vorzubeugen – einen ausgeruhten Organismus. Deshalb muß die Schnelligkeitschulung innerhalb einer Trainingseinheit so früh wie möglich – jedoch erst nach ausreichender Erwärmung – stattfinden. Zwischen den einzelnen Wiederholungen müssen ausreichende Pausen – bis zur vollständigen Erholung – eingelegt werden. Ist das nicht der Fall, trainiert man Ausdauer, nicht aber Schnelligkeit.

Schnelligkeitsübungen

1. „Tag und Nacht": Zwei Gruppen – eben Tag und Nacht – sitzen oder liegen sich gegenüber. Auf den Ruf „Tag" hin läuft die „Taggruppe" von der Mitte weg, die Nachtgruppe muß sie fangen und umgekehrt (Abb. 12).

2. Staffellauf in allen Variationen.

3. Wer robbt am schnellsten über die Judomatte (Abb. 13)?

4. Explosiv ausgeführte Wurfansätze.

5. Der Judoka wirft einen wesentlich leichteren Partner.

Kraft

Unter dem Begriff Kraft versteht man die Fähigkeit, äußere Widerstände durch Muskeltätigkeit zu überwinden. Je nach Größe des zu überwindenden Widerstandes und der Zeit, wie lange die Kraft auf-

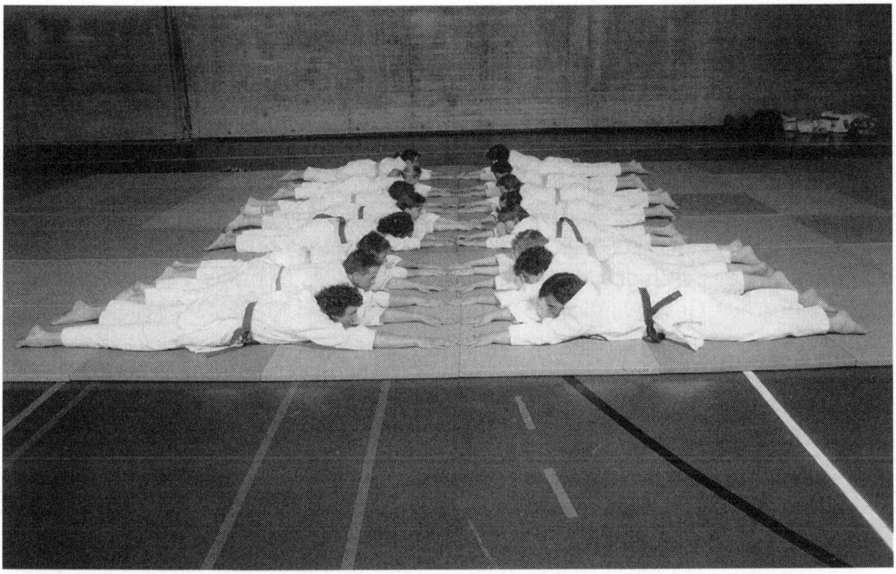

Abb. 12

Abb. 13

Abb. 14

gewendet werden muß, unterscheidet man zusätzlich Maximalkraft, Schnellkraft und Kraftausdauer, die sich gegenseitig bedingen.

Ein Judoka benötigt alle drei Varianten gleichermaßen, da ein Wettkampf, aufgrund seiner Vielseitigkeit, sowohl maximale Kraftanstrengungen als auch schnellkräftige und länger andauernde Muskelkontraktionen verlangt.

Kraftübungen

1. Bockspringen.
2. Wer schafft es, seinen Partner über eine Linie oder aus einem Kreis hinauszuziehen oder -zudrücken (Abb. 14–15)?

Abb. 15

3. Dreiergruppe: Zwei tragen oder ziehen einen dritten über die Judomatte.
4. Den Partner auf den Händen, dem Rükken oder der Schulter tragen.
5. Den Partner an den Händen oder den Füßen über die Matte ziehen.
6. Die Partner stehen Rücken an Rücken, die Arme eingehakt. Nun beugen beide die Knie bis zum 90-Grad-Winkel; zuerst beidbeinig, später einbeinig.
7. Wer schafft die meisten Sit-ups?
8. Wer kann im Sitzen so oft wie möglich „rudern", ohne mit Händen oder Füßen die Matte zu berühren (Abb. 16–17)?
9. Wer kann, ohne mit Händen oder Füßen die Matte zu berühren, aus der Rükkenlage in den Schwebesitz gelangen?
10. Aus der Kopfbrücke versuchen, mit der Nase den Boden zu berühren (Abb. 18).

Ausdauer

„Widerstandsfähigkeit gegen Ermüdung" – so definiert die Sportwissenschaft den Begriff „Ausdauer". Wer ausdauernd ist, kann einen oder mehrere Bewegungsabläufe über einen längeren Zeitraum ausführen. Übertragen auf die Sportart Judo bedeutet dies: Der Athlet kann längere Zeit die eigenen Techniken richtig anwenden und den Angriffen des Gegners erfolgreich widerstehen.

Die Ausdauer hängt im wesentlichen von der Leistungsfähigkeit des Herz-Kreislauf-Systems ab. Allgemeine Ausdauer läßt sich am leichtesten mit Hilfe typischer Ausdauersportarten (Laufen, Radfahren, Skilanglauf, Schwimmen) verbes-

Abb. 16

Abb. 17

Abb. 18

sern. Dabei sollte die Belastungsdauer nicht unter 30 Minuten liegen.

Die judospezifische Kurzzeitausdauer (Belastungen von 45 bis 120 Sekunden) läßt sich leicht mit judotypischen Inhalten trainieren. Aufstehen gegen den Widerstand zweier Partner, Befreiung aus einem Würgegriff sowie fortwährendes Ansetzen von Wurftechniken (am Partner) und ständiges Werfen seien hier nur beispielhaft erwähnt.

Circuittraining für den Judoka

Unter Circuittraining, auch Kreistraining genannt, versteht man das Üben in der Kreisbahn an verschiedenen Übungsstationen unter vorheriger Festlegung von Belastung und Pause. Das Circuittraining ist ein sogenanntes Intervalltraining. Es wurde 1953 mit Studenten der Universität Leeds erstmals erprobt und als Trainingsmethode vorgestellt. Seither hat es sich enorm verbreitet und findet sowohl im Leistungs- als auch im Breitensport Anwendung.

Es gibt zwei Möglichkeiten der Durchführung eines Circuittrainings. Dabei ist maßgeblich, welches Ziel man erreichen will (grundsätzlich kann man durch ein entsprechendes Kreistraining die Kondition, d.h. Kraft, Ausdauer, Schnelligkeit und Gewandtheit, erheblich und gezielt verbessern). Bei der ersten Organisationsform versucht der Teilnehmer an jeder Übungsstation, in einem festgesetzten Zeitraum so viele Wiederholungen durchzuführen, wie es ihm möglich ist. Der Wechsel von einer Station zur anderen (Pause) erfolgt ebenfalls in einem festgesetzten Zeitraum. Am Anfang sollte man mit je 30 Sekunden Belastung und Pause beginnen. Bei Fortgeschrittenen kann man dann die Belastungszeit erhöhen und eventuell die Pausen verkürzen. Eine andere Organisationsform des Circuittrainings ist, den Zirkel mit seinen Stationen in kürzester Zeit zu absolvieren, wobei an jeder Station die Wiederholungszahl der einzelnen Übungen festgelegt ist.

Der Wechsel von einer Station zur nächsten erfolgt übergangslos, ohne Pause.

Maßgeblich ist hier die Gesamtzeit, die der Trainierende für den Parcours benötigt. Die Anzahl der Durchgänge kann bei entsprechendem Trainingsfortschritt erhöht werden.

Als methodischer Grundsatz gilt auch hier, daß an zwei aufeinanderfolgenden Stationen immer verschiedene Muskelgruppen beansprucht werden sollten. Außerdem empfiehlt es sich, darauf zu achten, daß der Belastungsgrad der Übungen untereinander wellenförmig verläuft, d. h., stark belastende Übungen sollten sich mit weniger belastenden Übungen abwechseln. Um festzustellen, ob man seine Leistung verbessert, kann man stets ein standardisiertes Programm absolvieren und dazu eine Liste führen, in die alle Werte eingetragen werden.

Name:							
Datum:							
Belastung/Pause:							
	Anzahl der erzielten Wiederholungen						
Station 1							
Station 2							
Station 3							
Station 4							
Station 5							
Station 6							
Station 7							
Station 8							
Belastungspuls							
Erholungspuls nach 5 Min. Pause							

Beispiel einer Trainingsprotokollkarte

Abb. 19

Ein „Judozirkel"

Station 1

Die Partner heben sich abwechselnd aus. Jedes Ausheben zählt einen Punkt. Diese Übung kräftigt die Beinmuskulatur und dient als Vorübung für einige Hüftwürfe (Abb. 19).

Station 2

Robben auf der Matte. Jeder zurückgelegte Meter zählt einen Punkt. Diese Übung stärkt die Oberkörper- und Armmuskulatur (Abb. 20).

Abb. 20

Abb. 21

Station 3
Eindrehen in den Schulterwurf rechts und links durch Springen in die tiefe Hocke mit Drehung um 180 Grad. Jeder Sprung zählt einen Punkt. Die Übung dient der Kräftigung der Oberschenkelmuskulatur (Abb. 21).

Station 4
Bewegung der Füße rechts und links (von außen nach innen) als Vorübung für Fußfegen oder Fußnachfegen. Jedes Fußfegen rechts und links zählt einen Punkt. Diese Übung dient der Verbesserung der Motorik (Abb. 22).

Abb. 22

Abb. 23

Station 5

Wurfansätze auf Schnelligkeit, wobei es hauptsächlich auf den Armzug (Gleichgewichtbrechen) ankommt. Diese Übung kräftigt die Armmuskulatur (Abb. 23).

Station 6

Kopfbrücke im Wechsel links und rechts. Dies zählt jeweils einen Punkt und dient der Kräftigung der Rücken- und Nackenmuskulatur (Abb. 24).

Abb. 24

Abb. 25

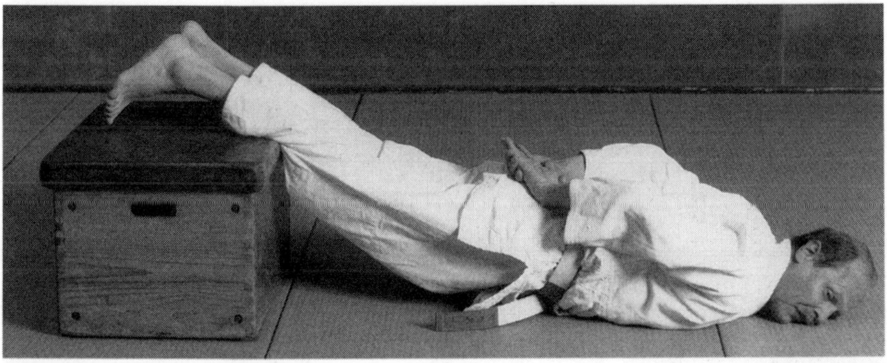

Abb. 26

Station 7

Liegestütz, wobei die Beine auf einer Bank oder auf einem Kasten aufliegen. Ist der Körper oben, klatscht man in die Hände. Befindet sich der Körper unten, werden die Arme auf dem Rücken gegeneinander geschlagen. Jeder Liegestütz zählt einen Punkt. Ziel dieser Übung ist die Kräftigung der Arme und des Schultergürtels (Abb. 25–26).

Abb. 27

Station 8

Fallübung rückwärts mit anschließendem Strecksprung. Jede Fallübung zählt einen Punkt. Die Stärkung der Bein- und Bauchmuskulatur ist Ziel dieser Übung (Abb. 27–28).

Abb. 28

Grundlegende Bewegungsformen des Judo

Bewegen auf der Matte

Körperhaltung (Tachi-shisei)

Die richtige Körperhaltung ist für die Leistungsentwicklung des Judoka, vor allem im Hinblick auf das Erlernen der Wurftechniken, von außerordentlicher Bedeutung und kann mitunter über Sieg oder Niederlage entscheiden. Deshalb sollten Sie beim Erlernen der Judotechniken auf die richtige Körperhaltung achten.

Die natürliche Grundstellung, bei der Sie aufrecht mit etwa schulterbreit voneinander entfernten Füßen stehen, ist für eigene Angriffe und für das Eindrehen in viele Wurftechniken sehr vorteilhaft. Bei der Verteidigungsstellung beugen Sie die Beine etwas und nehmen eine breitere Fußstellung ein; dadurch verlagern Sie den Körperschwerpunkt nach unten. Auf diese Weise kann man sich gegen Angriffe besser verteidigen. Bei beiden Stellungen sollten Sie geradeaus blicken und den Körper nicht allzusehr anspannen.

Natürliche Grundstellung (Shizen-hontai)
Bei der natürlichen Grundstellung steht der Judoka aufrecht, die Füße stehen etwa schulterbreit auseinander. Die Zehen zeigen nach vorn, und das Körpergewicht ruht gleichmäßig auf beiden Beinen (Abb. 29). Durch einen leichten Ausfallschritt des rechten oder des linken Fußes ergeben sich die zwei Variationen *Migi (rechts)-* (Abb. 30) und *Hidari (links)-shizen-hontai* (Abb. 31). Diese Stellungen werden – je nach Position des Gegners – situationsgerecht angewandt.

Abb. 29

Abb. 30

Abb. 31

Verteidigungsstellung (Jigo-tai)
Bei der Verteidigungsstellung ist der Stand etwas breiter als bei der Grundstellung. Dadurch wird der Körperschwerpunkt nach unten verlagert und die korrekte Verteidigungsstellung erreicht *(Jigo-tai)* (Abb. 32). Auch hier ergeben sich wieder durch entsprechende Ausfallschritte die beiden Varianten: *Migi (rechts)-* und *Hidari (links)-jigo-tai.*

Körperdrehungen (Tai-sabaki)
Voraussetzung für zahlreiche Wurftechniken ist eine Drehung des Körpers um seine Längsachse. Diese Bewegung führt man auf dem Fußballen unter Einbeziehung des gesamten Körpers aus, wobei die Füße etwa schulterbreit voneinander

Abb. 32

entfernt sind (Abb. 33–34). Je nachdem, ob man den Körper dabei zur rechten oder zur linken Seite dreht, entstehen die beiden möglichen Varianten: *Migi (rechts)*- und *Hidari (links)-tai-sabaki.*

Körper bewegen (Shin-tai)

Das richtige Bewegen auf der Matte entscheidet manchmal in Bruchteilen von Sekunden über Sieg oder Niederlage, denn nur wer selbst stabil steht und in der Lage ist, seinen Partner aus dem Gleichgewicht zu bringen, wird eine Wurftechnik anwenden können. Daher muß ein Judoka stets bestrebt sein, sein Körpergewicht so zu verlagern, daß er leicht angreifen, aber sich auch sicher verteidigen kann. Wer einen schlechten Stand hat, ist immer im Nachteil; achten Sie deshalb darauf, daß beide Füße stets fest auf der Matte stehen.

Auch während einer Vorwärts-, Rückwärts- oder Seitwärtsbewegung sollten Sie die Füße möglichst nicht von der Matte abheben oder gar hüpfen, da sonst die Gefahr sehr groß ist, daß Sie Ihre Standfestigkeit verlieren und leichter zu Boden geworfen werden können. Das Gleiche gilt für Überkreuzschritte, denn auch dabei kommen Sie leicht in eine instabile Lage.

Am besten bewegen Sie sich auf der Judomatte so, wie es die anschließend dargestellten Schritte zeigen.

Abb. 33

Abb. 34

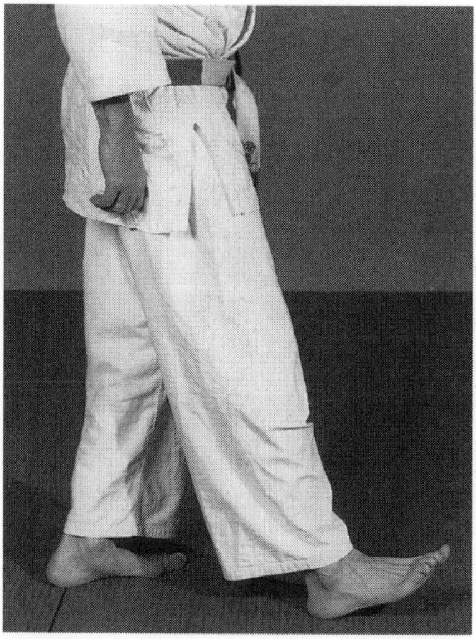

Abb. 35

Normales Gehen (Ayumi-ashi)

Normales Gehen mit gleitenden Schritten. Dabei setzen Sie die Ferse zuerst auf und behalten den Kontakt mit der Matte bei (Abb. 35).

Abb. 36

Gehen mit schleifenden Schritten (Tsuri-ashi)

Auch hier ist der Kontakt mit der Matte ganz eng. Sie bewegen die Füße schleifend, ähnlich wie beim normalen Gehen, setzen jedoch hier den Fußballen zuerst auf (Abb. 36).

Abb. 37

Abb. 38

Nachstellschritt (Tsugi-ashi)

Eine andere Form – häufig bei Kata-Demonstrationen zu sehen – ist die Fortbewegung mit einem Nachstellschritt. Der nachfolgende Fuß nimmt hierbei jeweils den Platz des vorausgehenden ein (Abb. 37–38).

Richtiges Fassen (Kumi-kata)

Die richtige Art, einen Partner zu fassen, macht den halben Erfolg aus, denn um einen Gegner mit einer Judotechnik besiegen zu können, müssen Sie engen Körperkontakt mit ihm haben. Nur so können Sie die Technik, wie erforderlich, unter dem Körperschwerpunkt des Gegners ansetzen, ihn aus dem Gleichgewicht bringen, dabei selbst aber einen festen Stand behalten. Dies erreichen Sie, indem Sie entsprechend der jeweiligen Technik den Gegner so fassen, daß er Ihnen nicht mehr entweichen kann.

Die richtige Griffart richtet sich also zunächst nach der Technik, die Sie anwenden möchten. Jede Technik erfordert eine andere Faßart, wobei Sie zusätzlich beachten sollten, daß auch Körpergröße und Gewicht des Gegners sowie seine Reaktion auf Ihren Zugriffsversuch die Möglichkeiten des Zupackens einschränken. Im Wettkampf ist deshalb der „Kampf um den Griff" von entscheidender Bedeutung. Im folgenden Abschnitt werden die im Judosport gebräuchlichsten Faßarten vorgestellt, die Sie immer situationsgerecht anwenden sollten.

Abb. 39

Normales Fassen (Eri-kumi-kata)
Bei der häufigsten Faßart des Judo greifen Sie mit der rechten Hand in das linke Revers des Partners und zugleich mit der linken Hand unter dem rechten Ellbogen in den Ärmel, und zwar so, daß Ihr Daumen nach oben zeigt und Sie den Ärmel zwischen Ihren Fingern halten (Abb. 39). Wenn Sie die Technik nach links ausführen möchten, greifen Sie gegengleich um.

Beide Revers fassen (Ryo-eri-kumi-kata)
Diese Faßart, bei der Sie mit beiden Händen die gegenüberliegenden Revers Ihres Partners ergreifen, eignet sich besonders für Wurftechniken, bei denen Sie ihn gerade nach vorn werfen, denn dann ist ein hoher und paralleler Griffansatz optimal (Abb. 40).

Abb. 40

Um die Hüfte fassen (Koshi-kumi-kata)
Während Ihre linke Hand den rechten Ellbogen oder das rechte Revers Ihres Partners ergreift, um ihn so aus dem Gleichgewicht ziehen zu können, faßt Ihre rechte Hand ihn um die Hüfte. So erlangen Sie den für die Hüftwürfe erforderlichen Körperkontakt am leichtesten (Abb. 41).

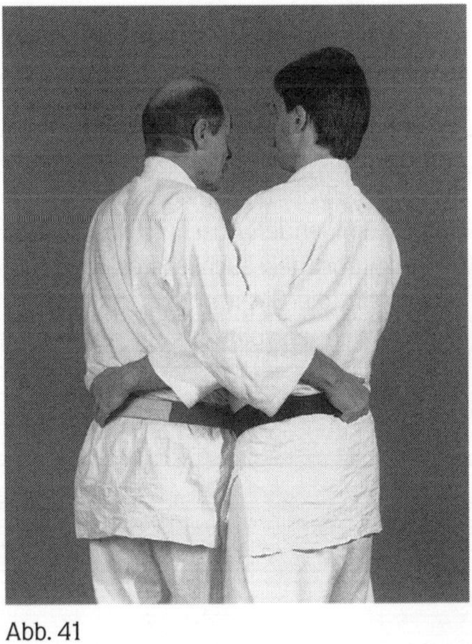

Abb. 41

Abb. 42

Abb. 43

Im Nacken fassen (Kubi-kumi-kata)

Bei dieser Faßart greifen Sie mit der rechten Hand hinter den Nacken des Partners, um auf diese Weise einen besseren Körperkontakt entstehen zu lassen. Ihre linke Hand bleibt an seinem Ellbogen und kontrolliert dort die Zugrichtung. Diese Griffart eignet sich vor allem bei kleineren Partnern, die Sie auf diese Weise besser kontrollieren können (Abb. 42).

Abb. 44

Am Ärmel fassen (Sode-kumi-kata)
Mit einer Hand oder mit beiden Händen fassen Sie Ihren Partner so an den Ärmeln, daß er durch Zug oder Druck an seinen Armen aus dem Gleichgewicht gebracht werden kann. Dies ist eine Faßart, die Sie besonders bei Handwürfen auf jeden Fall anwenden sollten (Abb. 43 und 44).

Abb. 45

Den Gürtel fassen (Obi-kumi-kata)
Während Sie mit einer Hand den Ärmel oder das Revers Ihres Gegners fassen, greifen Sie mit der anderen entweder vorn oder hinten in seinen Gürtel (Abb. 45–46). Dadurch können Sie sein Gleichgewicht in der Höhe seines Schwerpunktes brechen und ihn besser auf die Hüfte aufladen. Die Kampfregeln besagen, daß sofort nach Fassen des Gürtels der Wurf folgen muß. Ist das nicht der Fall, muß man den Griff lösen, sonst wird man vom Kampfrichter bestraft.

Abb. 46

Das Bein fassen (Ashi-kumi-kata)
Mit einer Hand oder mit beiden Händen können Sie ein Bein oder beide Beine Ihres Partners ergreifen. Diese Faßart erlaubt es Ihnen, ihm die Beine wegzuziehen und ihn so zu Fall zu bringen (Abb. 47). Gemäß den Kampfregeln gilt hier das gleiche wie beim Fassen in den Gürtel, das heißt, der Wurf muß sofort folgen oder der Griff muß gelöst werden.

Abb. 47

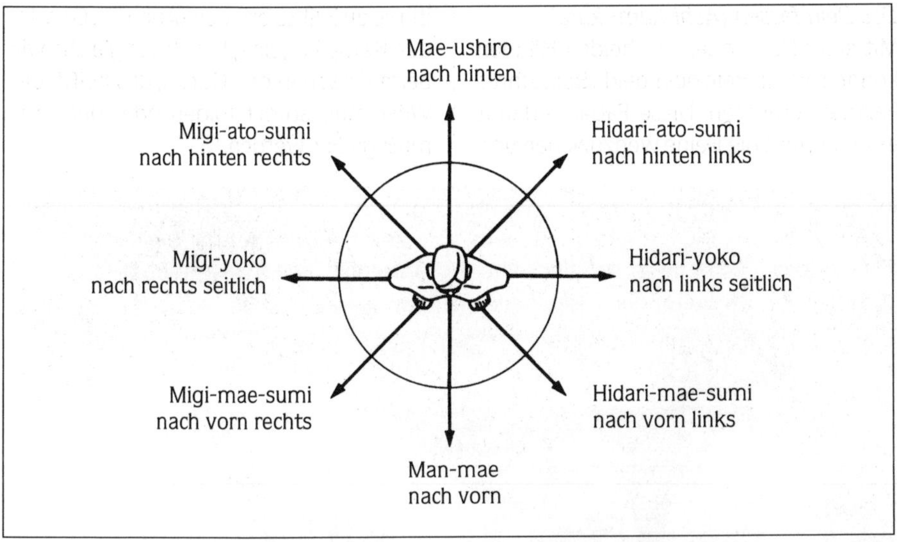

Abb. 48: Die acht Richtungen des Gleichgewichtbrechens (Happo-no-kuzushi)

Gleichgewichtbrechen (Kuzushi)

Gleichgewichtbrechen bedeutet, den Gegner in eine labile Stellung zu bringen, aus der er leicht zu werfen ist. Das erreichen Sie durch Zug oder Druck mit beiden Händen, koordiniert mit dem Krafteinsatz des gesamten Körpers. Wenn es Ihnen mit einer Aktion, die in eine bestimmte Bewegungsrichtung zielt, gelingt, bei Ihrem Gegner eine Reaktion in die entgegengesetzte Richtung auszulösen, so können Sie, wenn Sie nun selbst blitzschnell in diese entgegengesetzte Richtung agieren, die von ihm eingesetzte Kraft ausnutzen und sein Gleichgewicht in die neue Richtung auf indirekte Art (Judoprinzip) brechen (Abb. 49).

Abb. 49

Eindrehen in den Wurf (Tsukuri)

Ist es Ihnen gelungen, das Gleichgewicht Ihres Partners zu brechen, ist das rasche Hineindrehen in den Wurf das nächste wichtige Bewegungselement, mit dem Sie zum einen verhindern, daß der Angegriffene, beispielsweise durch einen kleinen Schritt zur Seite, sein Gleichgewicht wiedererlangt, zum anderen erreichen, daß Sie die optimale Ausgangsposition für den Wurf einnehmen können. Das Hineindrehen erfolgt in der Regel mit einer Körperdrehung *(Tai-sabaki)* oder mit einem Nachstellschritt *(Tsugi-ashi)*. Dabei kommt der Hüfte eine besondere Bedeutung zu. Sie führt die Bewegung und wird – mit wenigen Ausnahmen – energisch unterhalb des Schwerpunkts des Partners angesetzt, um ihn auf diese Weise ohne allzu großen Kraftaufwand ausheben zu können (Abb. 50).

Abb. 50

Werfen des Partners (Kake)

Wenn Sie das Gleichgewicht Ihres Partners richtig gebrochen und sich korrekt in den Wurf eingedreht haben, ist das nachfolgende Werfen des Partners nicht mehr schwierig. Das Hauptaugenmerk ist jetzt darauf gerichtet, den Partner sicher zu Boden zu geleiten, ihn bis in die Bodenlage zu kontrollieren. Diese Kontrolle kann symbolisch ausgeübt werden, indem Sie selbst in ausbalancierter Stellung neben dem Geworfenen stehen und beispielsweise mit beiden Händen einen Arm festhalten oder auch tatsächlich, indem Sie dem Geworfenen auf den Boden nachfolgen und ihn mit dem Körper angemessen kontrollieren (Abb. 51).

Abb. 51

Falltechniken (Ukemi-Waza)

Zu Beginn einer jeden Trainingseinheit, nachdem der Körper durch ein umfangreiches Aufwärmprogramm locker und geschmeidig gemacht wurde, übt jeder Judoka das richtige Fallen, und zwar unabhängig vom jeweiligen Könnensstand des einzelnen. Denn nur wer das Fallen aus allen Lagen beherrscht, vermeidet unnötige Schmerzen und Verletzungen.

Um den Aufprall des Körpers abzufangen, ist es erforderlich, mit dem ganzen Körper auf der Matte zu landen. Dabei darf man sich jedoch nicht mit der Hand oder dem Ellbogen abstützen, weil dies leicht zu Verletzungen führen kann. Vielmehr wird die Wucht des Auftreffens auf die Matte durch gleichzeitiges, kräftiges Schlagen mit gestreckten Armen und Beinen auf die Matte gemindert. So entsteht eine Anspannung der Muskulatur, die den Körper vor Verletzungen schützt.

Fallen ohne Partner

Zunächst üben Sie das Fallen ohne Partner. Das hat den Vorteil, daß Sie die Falltechnik ohne die Beeinflussung des Partners in ihrer idealen Form üben können.

Fallen rückwärts (Ushiro-ukemi)

Beim Erlernen dieser Technik beginnen Sie mit der einfachen Rolle rückwärts, indem Sie zuerst nur langsam auf dem Rükken hin und her schaukeln, um auf diese Weise Gefühl für den Bewegungsablauf zu bekommen. Daran schließen Sie eine Rolle rückwärts aus dem Stand an: Gehen Sie dabei in die Hocke, bringen Sie die Fersen dicht ans Gesäß – das Kinn ruht auf der Brust –, und rollen Sie dann nach hinten über den gebeugten Rücken ab und schlagen gleichzeitig mit beiden Armen links und rechts vom Körper in einem Winkel von etwa 45 Grad auf die Matte. Die Beine strecken Sie nach vorn. Wichtig: Der Kopf darf die Matte nicht berühren, denn das kann schmerzhaft sein und unter Umständen auch zu Verletzungen führen (Abb. 52–54).

Abb. 52

Abb. 53

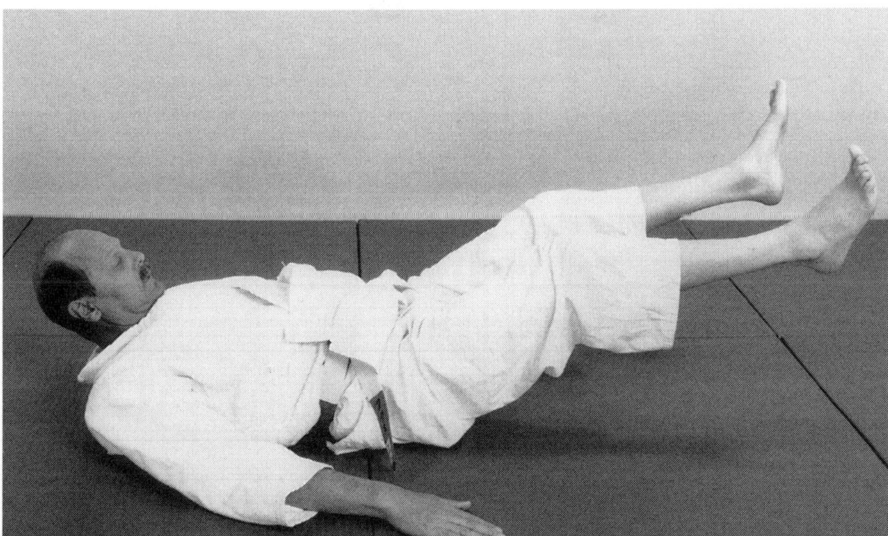

Abb. 54

Fallen seitwärts, rechts und links (Yoko-ukemi, Migi und Hidari)

Das Fallen seitwärts beginnt ebenfalls aus der Hocke, jedoch wird dabei das rechte Bein seitwärts vor den Körper geführt. Gleichzeitig lassen Sie sich zur rechten Seite rollen, d. h., der Körper rollt über den rechten Fuß, Oberschenkel, Gesäß und Hüfte ab. Mit der rechten Hand schlagen Sie kräftig auf die Matte (Abb. 55–56).

Das Fallen seitwärts nach links erfolgt gegengleich mit demselben Bewegungsablauf zur anderen Seite.

Abb. 55

Abb. 56

Fallen vorwärts, rechts und links (Mae-ukemi, Migi und Hidari)

Bei der Fallübung rechts vorwärts machen Sie einen Schritt nach vorn, und zwar bei der Rolle rechts einen Schritt nach vorn rechts und bei der Rolle links einen Schritt nach vorn links. Vor den Füßen setzen Sie die Hände so auf die Matte auf, daß die Finger zur Seite oder nach hinten zeigen, damit bei dem nachfolgenden Abrollen nach vorn keine Verletzungsgefahr für das Handgelenk besteht.

Zum Abrollen selbst verlagern Sie Ihr Körpergewicht über den rechten Fuß hinaus nach vorn und setzen mit dem abgerundeten rechten Arm zuerst und dann mit der rechten Schulter auf. Danach erfolgt die Abrollbewegung diagonal über die ganze Schulter, bis zur Körperstreckung in leichter Seitenlage. Gleichzeitig mit der Körperstreckung schlagen Sie mit dem linken Arm kräftig auf der Matte ab (Abb. 57–58). Die Fallübung links vorwärts erfolgt gegengleich zur anderen Seite.

Wer das Abrollen beherrscht, kann nun den „freien Fall", d.h. Falltechniken aus größerer Höhe, lernen und üben. Sie erfordern ein wesentlich größeres Maß an Geschicklichkeit, da der Judoka in der Luft „rollt" und dann eine mehr oder weniger harte Landung abfedern muß.

Dazu nehmen Sie die gleiche Ausgangsstellung wie beim Abrollen vorwärts ein, rollen nun aber nicht über Arm und Schulter, sondern bedingt durch den wesentlich größeren Schwung, den Sie der Bewegung mitgeben, dreht sich Ihr Körper in der Luft, und Sie landen auf dem Rücken. Im Moment der Landung schlagen Sie mit Beinen und Händen kräftig auf die Matte, um den Aufprall zu mindern.

Abb. 57

Abb. 58

Abb. 59

Fallen mit Partner

Fallübungen lassen sich auch ideal mit einem Partner durchführen. Er wirft zum Teil aktiv, hilft dem Übenden und korrigiert ihn (Abb. 59–60).

Abb. 60

Bei der Falltechnik seitwärts greifen Sie mit einer Hand in die Jacke des Partners und schwingen dann die Beine nach vorn bis in die Horizontale durch. Während des Fallens hält der Partner den Arm fest und mindert auf diese Weise den Aufprall (Abb. 61–62).

Abb. 61

Abb. 62

Abb. 63

Fallen über Hindernisse

Fortgeschrittene üben Falltechniken über Hindernisse, die aus dem Partner, einer Bank, einem Kasten oder Matten bestehen können.

Zu den einfachsten Formen gehört das Rückwärts-Abgleiten aus dem Sitz auf der „Partnerbank". Dazu verlagern Sie Ihr Gewicht nach hinten, behalten aber den Hüftwinkel von etwa 90 Grad bei. Bei der Landung auf dem Rücken schlagen Sie kräftig mit den Händen auf die Matte (Abb. 63–64).

Abb. 64

Etwas schwieriger wird es dann schon bei der Rolle über ein Hindernis, deren Bewegungsablauf mit der Rolle am Boden fast identisch ist. Hier setzen Sie jedoch Hände und Unterarm auf dem Hindernis auf und rollen darüber hinweg, um anschließend auf dem Boden zu landen und mit Armen und Beinen auf die Matte zu schlagen (Abb. 65–66).

Abb. 65

Abb. 66

Abb. 67

Die nächste Stufe ist das Überspringen des Hindernisses. Mit etwas Anlauf springen Sie vor dem Partner ab und leiten gleichzeitig eine Judorolle in der Luft ein. Die Landung mit Schlagen der Beine und Arme auf die Matte verläuft wie oben bereits mehrfach beschrieben (Abb. 67–68).

Alle Falltechniken über Hindernisse lassen sich mit etwas Phantasie in ihrer Seitigkeit (vorwärts, rückwärts, seitwärts) variieren, und auch die Anzahl der Hindernisse kann verschieden sein (Hindernisparcours).

Hier noch eine Übung nur für Könner: Der Judoka geht rückwärts mit geschlossenen Augen über die Matte. Sein Partner

Abb. 68

stellt sich ihm irgendwo als Hindernis in den Weg. Anschließend erfolgt die Fallübung.

Übungs- und Trainingsformen

In der Methodik einer jeden Sportart gibt es zahlreiche Wege, die ans Ziel führen. Als klassische Methoden im Judosport haben sich die *Kata* (Üben von traditionell festgelegten Techniken mit einem Partner), *Randori* (Übungskampf ohne letzten Einsatz) und *Shiai* (Wettkampf) etabliert. Daneben existieren zahlreiche Übungsformen, mit denen man einmal erlernte Würfe wiederholen und wichtige Phasen des Bewegungsablaufs gezielt verbessern kann.

Kata

Unter *Kata* versteht man vorgegebene Folgen ausgewählter Elemente. Sie dient bei Anfängern der Schulung der in Grobform beherrschten Technik aus der Bewegung heraus. Der Partner weiß genau, was mit ihm geschieht, wie er sich zu verhalten hat, um ein Gelingen der angewendeten Technik zu gewährleisten.

Bei Fortgeschrittenen ist die *Kata* Ausdruck des technischen Vermögens und des Verständnisses der Judoprinzipien (*Nage-no-kata*: Prinzip des Werfens; *Katame-no-kata*: Prinzip des Haltens, Würgens und Hebelns; *Juno-kata*: Prinzip der Geschmeidigkeit; *Gonosen-no-kata*: Prinzip der Gegenwurftechniken; *Goshinjitsu-no-kata*: Prinzip der modernen Selbstverteidigung; *Itsutsu-no-kata*: Prinzip der fünf Symbole). Während einer Vorführung müssen die einzelnen Bewegungsphasen klar erkennbar sein, und auch die körperliche Ausstrahlung und der Gesamteindruck des oder der Athleten sind dabei sehr wichtig.

Randori

Der freie Übungskampf ist keine Auseinandersetzung auf Biegen und Brechen mit letztem Einsatz, sondern vielmehr eine auf dem schmalen Grat zwischen spielerischer und ernsthafter Konfrontation sich bewegende Trainingsform. Täuschen, Überlisten, Kontern – alles ist erlaubt, dennoch ist es egal, wer geworfen wird und wer wirft, denn die Entwicklung des Partners ist genauso wichtig wie das eigene Fortkommen, was auch darin seinen Ausdruck findet, daß man beispielsweise einen guten Wurfansatz des Partners nicht in letzter Sekunde zu blockieren versucht, sondern mit einer korrekten Fallübung „belohnt".

Shiai

Der *Shiai* ist der Wettkampf mit letztem Einsatz und Siegeswillen, anhand dessen Ergebnissen man die im Training geleistete Arbeit und den Lernfortschritt überprüfen und damit Schlüsse für die weitere Trainingsplanung und auch Trainingspraxis ziehen kann.

Abb. 69

Abb. 70

Egal, ob im Meisterschaftsbetrieb oder im Training: Ein *Shiai* wird immer unter Aufsicht von geschulten Kampfrichtern nach den bestehenden Judo-Wettkampfregeln durchgeführt.

Tandoku-renshu

Die einfachste Übungsform zur Verbesserung der Wurftechniken, denn sie wird ohne den störenden Einfluß eines Partners durchgeführt. Auf diese Weise können Sie alle Bewegungsabläufe konzentriert ohne Behinderung üben (Abb. 69).

Sotai-renshu

Üben mit dem Partner. Wenn Sie die Bewegungsabläufe ohne den Partner beim Tandoku-renshu eingeübt haben, sind Sie nun in der Lage, diese auch mit einem Partner zu üben (Abb. 70).

Uchi-komi

Gleichgewichtbrechen *(Kuzushi)* und Eindrehen in den Wurf *(Tsukuri)* sind die wichtigsten Phasen eines Wurfs, und genau diese Elemente übt man mit Hilfe des *Uchi-komi*, d. h., der Angreifer führt den Wurf bis zum Ansatz durch und stellt seinen Partner dann wieder ab. Ein Ansatz macht jedoch noch keinen *Uchi-komi*; erst wenn mehrere Ansätze schnell (etwa ein Ansatz pro Sekunde bei gleichbleibender Technik) aufeinanderfolgen, spricht man von *Uchi-komi-Training*. Selbstverständlich können Sie mit *Uchi-komi* sowohl Stand- als auch Bodentechniken üben und trainieren, und zwar auch mit den folgenden Varianten.

Kontakt-Uchi-komi
Sie gehen einen Schritt nach vorn zum Partner und ziehen ihn kräftig mit den Armen nach vorn aus dem Gleichgewicht (Abb. 71).

Wurfeingangs-Uchi-komi
Sie drehen sich abwechselnd links und rechts in den Wurf ein. Dabei unterstützen Sie die Drehung auf dem linken/rechten Fuß durch einen Hopser (Abb. 72–73). Ihr Partner steht breitbeinig. Wenn Sie diese Übungsform in der Bewegung durchführen, bewegt sich Ihr Partner vorwärts, rückwärts, seitwärts oder im Kreis.

Abb. 71

Abb. 72

Abb. 73

Abb. 74

Abb. 75

Nachsetz-Uchl-koml

Sie drehen sich in den Partner ein und versuchen ihn auszuheben. Dies gelingt jedoch nicht, weil der Partner nach hinten ausweicht. Ohne sich zurückzudrehen, gehen Sie dem nach hinten ausweichenden Partner nach, greifen ihn erneut an und heben ihn im Sinne von Aktion, Reaktion, Aktion aus (Abb. 74–76).

Abb. 76

Abb. 78

Uchi-komi unter Veränderung des Angriffspunkts
Sie drehen sich zum Wurf unter den Schwerpunkt des Partners ein. Dieser verändert durch Verlagerung seines Körpers nach oben oder unten seinen Schwerpunkt (Abb. 77–79).

Abb. 77

Abb. 79

Abb. 80

Abb. 81

Dreier-Uchi-komi
Zwei Partner stehen dicht hintereinander. Sie drehen sich nun in den Wurf ein, wobei Sie das Gewicht von beiden Partnern ausheben (Abb. 80, 81).

Lauf-Uchi-komi
Die Partner stehen sich – jeder an einer Mattenseite – gegenüber. Nun läuft ein Partner zum anderen, dreht sich in die Wurftechnik ein und hebt ihn aus. Danach setzt er ihn wieder ab und läuft zu seinem Ausgangspunkt zurück. Der Partner folgt ihm und setzt dann seinerseits die Technik an. So übt man immer im Wechsel.

Lockerungs-Uchi-komi
Beide Partner laufen von ihrer Mattenseite zur Mitte, greifen dort an und führen die Technik durch; dann gehen sie wieder zu ihrem Ausgangspunkt zurück.

Abb. 82

Man kann dies auch zu dritt üben. Hierbei startet ein dritter Judoka aus der Mattenmitte, läuft abwechselnd zu dem Partner auf der einen und zu dem Partner auf der anderen Mattenseite und setzt jedesmal die Technik an (Abb. 82–84).

Wechsel-Uchi-komi

Mehrere Partner stehen in einer Reihe oder im Kreis. Der Übende geht nun immer reihum vom einen zum anderen und setzt jedesmal energisch die Wurftechnik an (Abb. 85–88).

Abb. 83

Abb. 84

Abb. 85

Abb. 86

Abb. 87

Abb. 88

Abb. 89

Abb. 90

Konter-Uchi-komi
Sie greifen mit einer vorher festgelegten Technik an; Ihr Partner reagiert jedesmal mit einer Kontertechnik (Abb. 89–90).

Reaktions-Uchi-komi
Zwei Partner stehen sich gegenüber und halten einen Gürtel oder ein Seil, in dem oder das sie eine große Schlinge geknüpft haben. In diese Schlinge legt der dritte Judoka seine Hand. Auf Kommando ziehen beide am Gürtel die Schlinge zu, während der Übende versucht, seine Hand rechtzeitig herauszuziehen (Abb. 91–92).

Eine weitere Variante: Sie stehen Ihrem Partner in Angriffsstellung gegenüber und führen auf ein Kommando hin blitzschnell eine Wurftechnik aus.

Yaku soku geiko

Um bestimmte Bewegungsabläufe oder Situationen zu schulen, werden alle Aktionen mit dem Partner nach vorheriger Vereinbarung und Absprache durchgeführt. Der Partner leistet dabei entweder keinen oder nur geringen Widerstand.

Butsukari-geiko

Entsprechend dem steigenden Leistungsvermögen und dem Festigungsgrad der Technik üben Sie beim Butsukari-geiko (Butsukari = gegen etwas anrennen) gegen den wachsenden Widerstand Ihres Partners. Sie können aber auch den gleichen Übungseffekt erzielen, wenn Sie die

Abb. 91

Abb. 92

Technik mit einem Gürtel oder Deuserband an der Sprossenwand üben.

Nage-komi

Der Partner leistet bei dieser Übungsform keinen Widerstand. Er wird pausenlos hintereinander geworfen und kann zur Verbesserung der Armzugkraft jedesmal hochgezogen werden.

Kakari-geiko

Bei dieser Übungsform führen Sie mit verschiedenen Partnern unmittelbar hintereinander mehrere Übungskämpfe durch. Auf diese Weise können Sie Ihre Wettkampftechniken stabilisieren.

Sute-geiko

Üben durch Fallen. Indem Sie selbst fallen, lernen Sie den Bewegungsablauf einer Technik. Eine Übung für alle Selbstfalltechniken.

Kan-geiko

Üben unter extremen Verhältnissen. Sie üben während der Nachtzeit, am frühen Morgen, im Schnee, im Regen oder im tiefen Sand usw.

Die 40 Grundwürfe (Go-kyo)

Die Vielzahl der Judotechniken läßt sich verschiedenartig systematisieren. So kann man beispielsweise Hüft-, Bein- und Handwürfe unterscheiden, und diese Einteilung macht die Gesamtmenge sicherlich übersichtlicher – nur als günstige Reihenfolge des Erlernens ist sie nicht praktikabel, da in diesem Falle Würfe unterschiedlicher Schwierigkeitsgrade direkt aufeinanderfolgen. Da die Entscheidung, welche Würfe ein Judoka für ihn am günstigsten nacheinander erlernt, auch von zahlreichen individuellen Faktoren abhängt, möchte ich an dieser Stelle die Techniken in der Reihenfolge vorstellen, in der sie Professor Kano, der Begründer des modernen Judo, entwickelt haben soll. Diese Reihenfolge erhebt auf keinen Fall den Anspruch, eine verbindliche Methode zu sein. Sie dient in ihren fünf Stufen (je acht Würfe) lediglich als Basis für die Vergabe der Gürtel des 5. bis 1. *Kyo.*

In allen im folgenden beschriebenen Fällen heißt der Werfer *„Tori"* (toreru = nehmen, empfangen), derjenige, der geworfen wird *„Uke"* (ukeru = erleiden, empfangen). Angaben, in welche Richtung das Gleichgewicht gebrochen wird, sind von *Uke* aus zu verstehen.

Abb. 93

1. Stufe (Ik-kyo)
Gelbgurt

Fußfegen (De-ashi-barai)

Tori fegt Ukes nach vorn kommenden Fuß mit der eigenen Fußsohle seitlich weg. Dadurch verliert dieser sein Gleichgewicht und kommt durch eine gleichzeitige Zug- und Druckbewegung nach unten zu Fall (Abb. 93–95).

Abb. 94

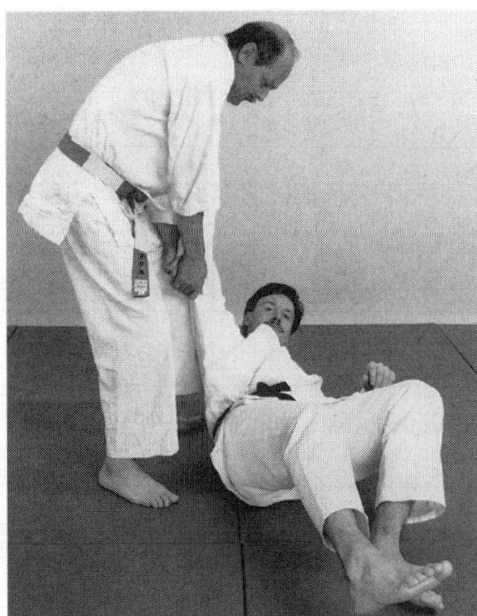

Abb. 95

Abb. 96

Abb. 97

Knierad (Hiza-guruma)
Tori setzt seine linke Fußsohle unterhalb von Ukes Knie an und sperrt ihn dadurch. Gleichzeitig zieht und drückt er Uke mit den Händen nach vorn. Dabei verliert dieser sein Gleichgewicht, stolpert nach vorn über den sperrenden Fuß und kommt zu Fall (Abb. 96–97).

Abb. 98

Hebezug-Fußhalten (Sasae-tsuri-komi-ashi)

Diese Technik ähnelt dem Knierad. Allerdings setzt Tori seinen Fuß weiter unten an Ukes Fuß an. Er bricht auch hier dessen Gleichgewicht durch die Hebezugbewegung nach vorn. Uke fällt durch die Blokkade seines Fußes nach vorn (Abb. 98 bis 100).

Abb. 99

Abb. 100

Abb. 101

Große Außensichel (O-soto-gari)

Durch einen Vorwärtsschritt mit dem linken Fuß seitlich neben Uke und gleichzeitiges Ziehen auf die eigene Seite bricht Tori Ukes Gleichgewicht. Dann wirft Tori dessen Standbein durch einen Schwung mit seinem rechten Bein und durch Abbiegen des Oberkörpers mit einer sichelförmigen Bewegung nach hinten. Dadurch kommt Uke zu Fall (Abb. 101–103).

Abb. 102

Abb. 103

Große Innensichel (O-uchi-gari)
Durch Zug mit der rechten Hand zwingt Tori Uke einen Schritt nach vorn zu machen. Indem er nun sein rechtes Bein in einer kreisförmigen Bewegung hinter Ukes vorgestelltes Bein bringt und ihn gleichzeitig nach hinten drückt, wirft Tori Uke zu Boden (Abb. 104–106).

Abb. 104

Abb. 105

Abb. 106

Hüftschwung (Uki-goshi)
Tori dreht sich in den Wurf hinein, indem er seinen rechten Fuß etwas versetzt neben Ukes rechten Fuß stellt. Seinen linken Fuß zieht Tori in einer Halbkreisbewegung rückwärts nach, so daß beide Füße parallel vor Uke stehen. Nun schwingt Tori Uke sichelförmig seitlich um die eigene Hüfte und wirft ihn nach vorn (Abb. 107 bis 109).

Abb. 107

Abb. 108

Abb. 109

Abb. 110

Hüftwurf (O-goshi)

Tori erreicht bei dieser Technik die Wurfausgangslage wie beim Hüftschwung durch eine Körperdrehung, wobei er seinen rechten Fuß neben die Innenseite von Ukes rechtem Fuß stellt. Seinen linken Fuß zieht er in einer Halbkreisbewegung rückwärts nach, so daß nun beide Füße parallel vor Uke stehen. Seinen rechten Arm legt er um Ukes Hüfte. Durch Beugen der Knie bringt Tori seinen Schwerpunkt unter den Ukes und lädt diesen so auf die eigene Hüfte auf. Danach wirft Tori Uke nach vorn (Abb. 110–112).

Abb. 111

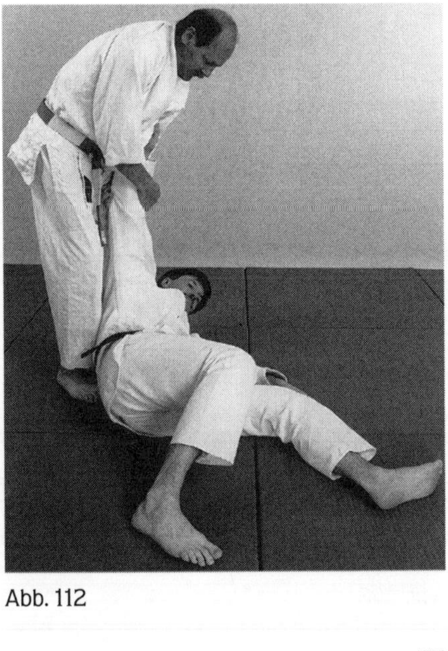

Abb. 112

Abb. 113

Abb. 114

Abb. 115

Abb. 116

Schulterwurf (Ippon-seoi-nage)
Tori dreht sich in den Wurf ein, indem er seinen rechten Fuß neben die Innenseite von Ukes rechtem Fuß stellt und seinen linken Fuß rückwärts nachzieht, so daß er parallel vor Uke steht. Tori senkt seine Hüfte bis unter Ukes Schwerpunkt und zieht mit der linken Hand dessen rechten Arm nach vorn, so daß Ukes Gleichgewicht gebrochen wird und dessen rechte Achsel auf Toris Oberarm zu liegen kommt. Danach richtet sich Tori auf und drückt seine Hüfte nach hinten, wodurch Uke den Halt verliert; anschließend wirft Tori Uke nach vorn und hält ihn bis zum Boden unter Kontrolle (Abb. 113–115). Eine Variante dieser Technik ist der Morote-seoinage. Bei dieser Technik ist es vorteilhaft, wenn man in die tiefe Hocke geht. So kann man unter Beibehaltung des Kampfgriffes den rechten Arm anwinkeln und mit dem Unterarm unter die Achsel des Partners gelangen (Abb. 116).

2. Stufe (Ni-kyo)
Orangegurt

Kleine Außensichel (Ko-soto-gari)
Tori zieht mit seinem linken Arm Ukes rechten Arm nach unten und drückt ihn nach hinten. Uke weicht nach hinten aus; Tori stellt sich seitlich zu ihm und zieht und drückt Uke weiter nach links vorn. Uke muß sein Gewicht auf das rechte Bein verlagern. Dann sichelt Tori mit dem linken Fuß Ukes rechtes Standbein von hinten nach vorn weg (Abb. 117–118).

Abb. 117

Abb. 118

Abb. 119

Kleine Innensichel (Ko-uchi-gari)

Tori bewegt sich rückwärts, Uke folgt ihm. Tori zieht stark mit der linken Hand an Ukes rechtem Arm und zwingt ihn so zu einem etwas größeren Schritt nach vorn. Ukes nach vorn kommendes Bein führt Tori sichelförmig weiter. Durch Toris gleichzeitigen Zug und Druck in die Richtung des gesichelten Beines verliert Uke sein Gleichgewicht und kommt zu Fall (Abb. 119–121).

Abb. 120

Abb. 121

Fußnachfegen (Okuri-ashi-barai)
In der Seitwärtsbewegung legt Tori seine linke Fußsohle an Ukes rechten Knöchel und führt so dessen Beine zusammen. Dann lehnt sich Tori zurück, hebt Uke aus und fegt dessen Beine weg. Ukes Gleichgewicht wird durch Toris nach oben geführte Bewegung gebrochen (Abb. 122 bis 124).

Abb. 122

Abb. 123

Abb. 124

Abb. 125

Schenkelwurf (Uchi-mata)

Tori dreht sich aus der Rückwärtsbewegung in den Wurf ein, indem er seinen rechten Fuß an die Innenseite von Ukes rechtem Fuß stellt. Durch eine Halbkreisbewegung rückwärts zieht er seinen linken Fuß nach und stellt ihn, etwa schulterbreit entfernt, parallel zum rechten Fuß. Nun bringt Tori seinen Schwerpunkt unter den von Uke. Jetzt führt Tori sein gestrecktes rechtes Bein an Ukes Oberschenkelinnenseite mit Schwung nach hinten. Durch diese Bewegung bricht er dessen Gleichgewicht und wirft ihn (Abb. 125–126).

Abb. 126

Hüftrad (Goshi-guruma)
Aus der Rückwärtsbewegung dreht sich Tori in den Wurf ein, indem er seinen rechten Fuß neben die Innenseite von Ukes rechtem Fuß stellt und den linken Fuß nachzieht. Dabei legt er seinen rechten Arm um Ukes Nacken. Tori schiebt seine Hüfte betont seitlich unter Ukes Körperschwerpunkt und wirft ihn in Form eines Rades über seine Hüfte (Abb. 127–128).

Abb. 127

Abb. 128

Abb. 129

Abb. 130

Abb. 131

Abb. 132

Hebehüftwurf (Tsuri-komi-goshi)
Tori dreht sich zum Partner hin, wobei er den rechten Fuß neben die Innenseite von Ukes rechtem Fuß stellt. Mit einer Halbkreisbewegung rückwärts zieht er den linken Fuß nach, so daß beide Füße parallel vor Uke stehen. Wenn Uke durch Sperren, das heißt Absenken des Körpers, den Wurf verhindern will, geht Tori selbst in die tiefe Hocke. Nun bringt Tori Uke durch starken Zug mit dem fast gestreckten Arm und Druck mit dem Gesäß gegen dessen Beine aus dem Gleichgewicht und wirft ihn nach vorn (Abb. 129–132).

Abb. 133

Hüftfegen (Harai-goshi)
Tori dreht sich in den Wurf ein, indem er den rechten Fuß neben die Innenseite von Ukes rechtem Fuß stellt und den linken Fuß nachzieht, so daß beide Füße parallel vor Uke stehen. Durch Schwung seines rechten Beines vorbei an Ukes rechter Seite und unterstützt von einer Zug- und Druckbewegung nach unten bringt Tori Uke aus dem Gleichgewicht und wirft ihn nach vorn. Wichtig für Tori ist hierbei der enge Körperkontakt mit Uke und seine Standfestigkeit auf dem linken Bein (Abb. 133–134).

Abb. 134

Körperwurf (Tai-otoshi)

Tori stellt sich durch eine Körperdrehung vor Uke, wobei er den rechten Fuß neben die Innenseite von Ukes rechtem Fuß stellt und seinen linken Fuß in einer Halbkreisbewegung rückwärts nachzieht. Nun zwingt Tori Uke, durch Zug nach vorn, sein rechtes Bein nach vorn zu setzen. Tori blockiert dieses Bein, indem er seinen rechten Fuß mit dem Ballen aufstellt und mit seinem Bein Ukes Bein den Weg verstellt. Durch die Körperdrehung, verbunden mit Zug des linken und Druck des rechten Armes, wirft Tori Uke über das vorgestellte Bein (Abb. 135–136).

Abb. 135

Abb. 136

3. Stufe (San-kyo)
Grüngurt

Kleines Einhängen (Ko-soto-gake)
Aus der Rückwärtsbewegung kommt Tori durch einen Halbschritt seitlich neben Uke. Nun reißt Tori Uke nach vorn links und hängt dabei sein linkes Bein in Ukes belastetes rechtes Bein ein. Durch gleichzeitigen Zug am rechten Arm und Druck an der linken Schulter wirft Tori Uke nun nach hinten (Abb. 137–138).

Abb. 137

Abb. 138

Abb. 139

Abb. 140

Fußrad (Ashi-guruma)

Tori zieht Uke zu sich heran und dreht sich mit einer Kreisbewegung in den Wurf ein, wobei er den rechten Fuß vor Ukes nach vorn kommendes Bein hält und sein linkes Bein zurücksetzt. Durch gleichzeitigen Zug an Ukes Arm und Druck an seiner Schulter wirft Tori ihn in einer Körperdrehung über das gestreckte Bein (Abb. 139 bis 140).

Hebezug-Fußfegen (Harai-tsuri-komi-ashi)

In der Vorwärtsbewegung nähert sich Tori Uke schnell an und zieht ihn kräftig nach oben. Dadurch bricht er Ukes Gleichgewicht und fegt mit der linken Fußsohle Ukes rechtes Bein am Knöchel ansetzend weg. Durch den Schwung des Beines und die gleichzeitige Zug-Druckbewegung Toris wird Uke geworfen (Abb. 141–142).

Abb. 141

Abb. 142

Hüftzug (Tsuri-goshi)
Tori kommt durch eine Körperdrehung in die Wurfausgangslage und zieht mit der rechten Hand, die über Ukes Arm an dessen Jacke oder Gürtel anfaßt, Uke auf seine Hüfte. Durch Zug am Gürtel und eine Streckung der gebeugten Beine wirft Tori Uke über die Hüfte (Abb. 143–145).

Abb. 143

Abb. 144

Abb. 145

Abb. 146

Springhüftwurf (Hane-goshi)

Tori gelangt mit einer Körperdrehung parallel vor Uke, stellt mit seiner rechten Seite Kontakt zu Ukes Vorderseite her und bringt seine Hüfte unter Ukes Schwerpunkt. Gleichzeitig winkelt Tori das rechte Bein an und drückt es gegen Ukes rechtes Bein (Innenseite). Durch das Abknicken des Körpers nach vorn und den Druck des Beines und der Hüfte gegen Uke bringt Tori diesen aus dem Gleichgewicht und wirft ihn nach vorn (Abb. 146–148).

Abb. 147

Abb. 148

Schulterrad (Kata-guruma)

Durch starken Zug mit der linken Hand bringt Tori Uke so sehr aus dem Gleichgewicht, daß er selbst mit der rechten Schulter unter Ukes Schwerpunkt gelangt. Mit dem rechten Arm erfaßt Tori Ukes Standbein, richtet sich auf und lädt Uke dadurch auf seine Schulter. Anschließend wirft Tori Uke mit einer radförmigen Bewegung ab (Abb. 149–152).

Abb. 149

Abb. 150

Abb. 151

Abb. 152

Abb. 153

Abb. 154

Kopfwurf (Tomoe-nage)

Tori gibt Ukes Druck nach vorn nach, indem er sich plötzlich unter dessen Schwerpunkt auf den Rücken fallen läßt. Seinen rechten Fuß setzt er in Ukes Leiste. Durch gleichzeitiges Ziehen mit den Armen und Strecken seines rechten Beines wirft Tori Uke in Form einer Rolle vorwärts zu Boden (Abb. 153–154).

Seitfallzug (Yoko-otoshi)
In der Seitwärtsbewegung macht Tori einen großen Schritt nach links und dreht Uke „wie ein Steuerrad“ nach links. Tori führt nun im Rückwärtsfallen sein linkes Bein an Ukes rechtem Standbein vorbei. Durch Zug mit der linken und Druck mit der rechten Hand wirft Tori Uke über das gestreckte Bein nach vorn (Abb. 155 bis 156).

Abb. 155

Abb. 156

Abb. 157

4. Stufe (Yon-kyo) Blaugurt

Großes Rad (O-guruma)
Tori zieht Uke nach links, dreht sich auf dem linken Fußballen nach links und setzt sein gestrecktes Bein oberhalb von Ukes Knie an. Durch gleichzeitigen Zug am Arm und Druck an der Schulter sowie einer Körperdrehung über das gestreckte Bein, wirft Tori Uke (Abb. 157–159).

Wechselhüftwurf (Utsuri-goshi)
Uke greift mit einem Hüftwurf an. Tori blockt den Angriff ab und hebt Uke aus. Dann schwingt er ihn auf die eigene Hüfte auf und wirft ihn nach vorn – eine Kontertechnik gegen Hüftwürfe (Abb. 160 bis 163).

Abb. 158

Abb. 159

Abb. 160

Abb. 161

Abb. 162

Abb. 163

Abb. 164

Schaufelwurf (Sukui-nage)
Beim Schaufelwurf handelt es sich um eine Kontertechnik gegen Hüft- und Schulterwürfe. Tori stoppt Ukes Angriff, indem er zur Seite hin neben Uke ausweicht und ihn gleichzeitig mit dem rechten Arm sperrt. Anschließend greift Tori unter Ukes Kniekehlen und hebelt ihn mit einer schaufelförmigen Bewegung über das eigene rechte Knie nach hinten (Abb. 164 bis 166).

Abb. 165

Abb. 166

Abb. 167

Schwebehandzug (Uki-otoshi)
Tori zwingt Uke durch Zug mit der linken Hand, mit dem rechten Fuß nach vorn zu kommen. Er zieht ihn mit beiden Händen weiter nach unten und kniet sich gleichzeitig hin. Dadurch bringt er Uke nach vorn aus dem Gleichgewicht und wirft ihn in der Form eines Bogens zu Boden. Beim Hinknien muß Tori auf das Erhalten seines Gleichgewichts achten. Das erreicht er in der Regel dadurch, daß er den Fuß mit den Zehen aufsetzt (Abb. 167–169).

Abb. 168

Abb. 169

Abb. 170

Eckenwurf (Sumi-gaeshi)
Wie bei Tomoe-nage (Kopfwurf) gibt Tori auch hier Ukes Druck plötzlich nach und senkt seinen Körper unter Ukes Schwerpunkt, indem er sich auf den Rücken fallen läßt. Allerdings setzt hier Tori den rechten Fuß nicht in Ukes Leiste, sondern mit dem Rist an der Innenseite von dessen Oberschenkel an. Durch gleichzeitigen Zug mit den Armen wirft Tori Uke in Form einer Rolle vorwärts (Abb. 170–172).

Abb. 171

Abb. 172

Abb. 173

Talfallzug (Tani-otoshi)
Uke dreht sich in Tori ein, um eine Hüfttechnik anzusetzen. Tori kontert diesen Versuch, indem er sein linkes Bein hinter Uke streckt, sich hinsetzt und durch starken Zug und Druck mit den Armen Uke über das gestreckte Bein nach hinten wirft (Abb. 173–175).

Abb. 174

Abb. 175

Abb. 176

Springdrehwurf (Hane-maki-komi)
Tori dreht sich in den Wurf ein und steht parallel vor Uke, seine linke Hand zieht Ukes Ellenbogen zur Brust, seinen rechten Arm bringt er über Ukes Arm nach vorn, den rechten Fuß winkelt Tori an und drückt ihn gegen die Innenseite von Ukes Bein. In dem Maße, wie Toris angelegtes Bein nach oben drückt, gehen die rechte Hand und der Oberkörper nach unten. Tori bringt Uke durch den Schwung seines Körpers zu Fall, wobei er sich gegen Ende des Wurfes mit dem rechten Unterarm aufstützt, um nicht auf Uke zu fallen (Abb. 176–178).

Abb. 177

Abb. 178

Abb. 179

Außendrehwurf (Soto-maki-komi)
Tori zieht Uke mit der linken Hand aus der Balance und dreht seinen Körper in den Wurf ein. Dabei zieht er den linken Arm Ukes an die Brust, führt das rechte Bein außen seitlich neben Ukes rechtes Bein und bringt den rechten Arm über den Arm von Uke nach vorn. Dann dreht sich Tori schwungvoll nach links unten und bringt auf diese Weise Uke zu Fall (Abb. 179–181).

Abb. 180

Abb. 181

Abb. 182

5. Stufe (Go-kyo)
Braungurt

Großes Außenrad (O-soto-guruma)
Tori setzt seinen linken Fuß mit einem Vorwärtsschritt seitlich neben Uke und zieht ihn gleichzeitig auf seine Seite. Dadurch bricht er Ukes Gleichgewicht. Nun schwingt Tori sein rechtes Bein an Ukes rechter Seite vorbei und streckt es hinter ihn oberhalb von dessen Knie. Anschließend wirft Tori Uke über das gestreckte Bein nach hinten (Abb. 182–184).

Abb. 183

Abb. 184

Abb. 185

Hüftgegenwurf (Ushiro-goshi)

Uke greift Tori mit einem Hüftwurf an. Tori nimmt daraufhin eine tiefe Verteidigungsstellung (Jigo-tai) ein und gelangt so unter Ukes Schwerpunkt. Durch enges Umfassen mit den Armen, gleichzeitiges Strecken der Beine und Vorschieben der Hüfte hebt Tori Uke aus und wirft ihn anschließend nach vorn (Abb. 185–186).

Abb. 186

Eckenkippe (Sumi-otoshi)

Zunächst bricht Tori Ukes Gleichgewicht durch eine Zug- und Druckbewegung mit den Händen nach links. Uke reagiert in entgegengesetzter Richtung, weil er sich gegen den Wurfansatz wehrt. Diese Gegenreaktion nutzt Tori aus, indem er Uke plötzlich in dessen eigene Bewegungsrichtung zieht und drückt. Dadurch verstärkt er dessen Krafteinsatz und wirft Uke quasi durch dessen eigenen Schwung (Abb. 187–189).

Abb. 187

Abb. 188

Abb. 189

Abb. 190

Rückwurf (Ura-nage)
Uke befindet sich in der Vorwärtsbewegung. Tori gelangt durch einen Ausfallschritt und durch Beugen der Beine mit seinem Körper seitlich unter dessen Schwerpunkt. Tori setzt seine rechte Hand oberhalb von Ukes Gürtel und seine linke in gleicher Höhe an dessen Rücken an. Durch Strecken der Beine und Hochstoßen der Arme hebt Tori Uke aus. Indem Tori sich auf den Rücken fallen läßt, wirft er Uke in Form einer Rolle vorwärts über die eigene Schulter (Abb. 190–191).

Rückfallzug (Uki-waza)
Der Wurf erfolgt ähnlich wie Yoko-otoshi (S. 93). Tori schiebt sein linkes Bein außen an Ukes rechtem Bein vorbei. Dabei sperrt Tori mit dem linken Bein jedoch nicht, sondern benutzt es als Schwungbein. Indem er sich auf den Rücken fallen läßt, zieht er Uke mit einer Drehbewegung auf die Matte (Abb. 192–193).

Abb. 191

Abb. 192

Abb. 193

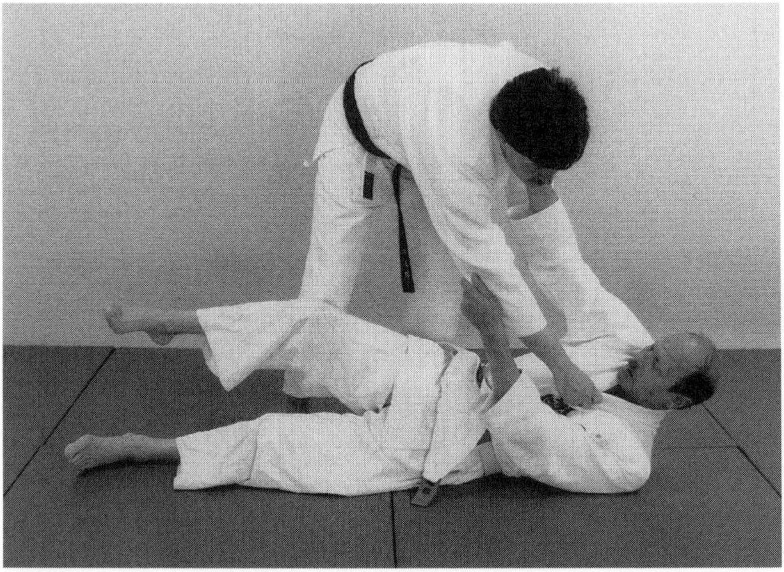

Abb. 194

Abb. 195

Seitenriß (Yoko-wakare)

Tori nutzt Ukes Vorwärtsbewegung aus, indem er sich seitlich vor ihm auf die Matte fallen läßt, ihn so am Fortkommen hindert und ihn durch eine Zugbewegung mit den Armen nach vorn über die Beine zieht (Abb. 194–195).

Seitenrad (Yoko-guruma)

Uke greift mit einer Hüfttechnik an. Tori weicht seitlich aus und gelangt mit seinem Körper unter Ukes Schwerpunkt. Dadurch gerät Tori meistens in den Schwitzkasten. Aus diesem Griff kann er sich nur befreien, indem er sein rechtes Bein vorn zwischen Ukes Beine schwingt und sich gleichzeitig auf den Rücken fallen läßt. Auf diese Weise zwingt er Uke, nach vorn zu fallen (Abb. 196–198).

Abb. 196

Abb. 197

Abb. 198

Abb. 199

Seitfußzug (Yoko-gake)
Durch eine Zugbewegung mit dem linken Arm zwingt Tori Uke, mit dem rechten Fuß nach vorn zu kommen. Nun stellt Tori seinen linken Fuß hinter Ukes rechten Fuß. Durch gleichzeitigen Druck mit seiner linken Hand gegen Ukes rechten Ellbogen und mit seiner rechten gegen dessen Brust wirft Tori Uke nach hinten, wobei er selbst fällt und Uke dadurch zwingt, ebenfalls zu fallen (Abb. 199–200).

Abb. 200

Abb. 201

Übersetzung der Fachausdrücke

Age = heben, anheben
Ago = Kinn
Aida = Abstand, Distanz
Aite = Partner/Gegner beim Wettkampf
Arashi = Sturm
Asahi = aufgehende Sonne
Ashi = Fuß oder Bein
Atama = Kopf
Ate = Schlag, schlagen
Ayumi-ashi = normales Gehen (Füße überholen einander)
Barai/Harai = fegen
Basami/Hasami = Schere
Bu = Krieg oder tapferer Krieger
Budo = Kriegskünste, auch: Weg des Ritters
Budo-gi = Anzug
Budokan = Sporthalle in Tokio
Bushi = Krieger
Bushido = Ehrenkodex der Samurei Ethik des Kriegerstandes
Butsukari = unaufhörlicher Angriff
Chika-ma = nahe Position in der Katame-no-kata
Dachi = Stellung, Position
Daki = umarmen, umfassen
DAN = Rang, Stufe, Grad (Meistergrad)
1. Sho-DAN: schwarzer Gürtel
2. Ni-DAN: schwarzer Gürtel
3. San-DAN: schwarzer Gürtel
4. Shi-DAN: schwarzer Gürtel
5. Go-DAN: schwarzer Gürtel
6. Roku-DAN: rot-weißer Gürtel
7. Shichi-DAN: rot-weißer Gürtel
8. Hachi-DAN: rot-weißer Gürtel
9. Ku-DAN: roter Gürtel
10. Ju-DAN: weiße Schärpe
De = vorwärts, mit, hinaus
Do = Grundsatz, Lehre, Weg
Dojime = Beinschere
Dojo = Übungsraum
Dori = nehmen
Ebi = Krebs
Eri = Kragen, Revers
Fumi = treten, stampfen
Fumi-komi = eindrehen
Gaeshi/Kaeshi = Gegentechnik, Gegenangriff
Gaeshi-waza = Gegenangriffe
Gake = einhängen, haken
Garami = halten, verdrehen, umschlingen
Gari = legen, sicheln
Gatame/Katame = halten, unbeweglich machen
Geiko/Keiko = Übung, Übungsform
Gi = Kurzform für Budoanzug
Gokyo-no-kaisetsu = Kodokan, Lehrsystem
Gonosen-no-kata = Form der Gegenwürfe
Goshi/Koshi = Hüfte
Goshin-jitsu-no-kata = Form der modernen Selbstverteidigung
Guruma = Rad
Gyaku = umgekehrt
Hadaka = nackt, frei
Hane = Sprung
Happo-no-kuzushi = Gleichgewichtbrechen in 8 Richtungen
Hara = Bauch, Zentrum des Menschen
Harai/Barai = fegen, mähen
Hasami/Basami = Schere
Hidari = links
Hiji = Ellbogen
Hiki = Zug, ziehen

Hiki-waza = angewendete Technik
Hishigi = strecken, drehen
Hiza = Knie
Hiza-maki = Fortbewegung auf den Knien
Hon = Basis, Grund, Ursprung
Hontai = normale Körperhaltung
Idori = kniend
Ippon = Punkt
Itsutsu-no-kata = Form der fünf Symbole
Jama/Yama = Berg
Jigo = Abwehr, Verteidigung
Jigo-tai = Verteidigungsstellung
Jime/Shime = würgen, Würgegriff
Jiu-jitsu/Jutsu = Selbstverteidigung auch: Kniff, Dreh, Kunst
Joseki = Ehrenplatz (Sitz der Götter)
Ju = nachgeben, ausweichen, sanft
Judo = sanfter Weg
Judo-gi = Judoanzug
Judoka = Judosportler
Juji = quer, über Kreuz
Juno-kata = Form der Geschmeidigkeit
Kagato = Ferse
Kakari-geiko = Belastungstraining
Kake = Endphase eines Judowurfes
Kami = oberhalb
Kamiza/Joseki = Ehrensitz
Kani = Krebsart, Würgen wie ein Krebs
Kano = Begründer des modernen Judo
Kansetzu = Gelenk
Kansetzu-waza = Hebeltechniken
Kappo/Kuatsu = Kunst der Wiederbelebung
Kashira = Haupt, oben, hoch
Kata = Schulter, auch: Form, Zeremonie
Katame-no-kata = Form der Bodentechniken
Kata-te = mit einer Hand
Keiko = Übung, Training
Ken-ken = schnelles Nachsetzen beim Ansatz eines Wurfes
Kensui = an etwas hängen, in Angriff nehmen, Klimmzug
Kesa = Schärpe
Ki = Techniken
Kiai = Kampfschrei
Kime-no-kata = Form der Selbstverteidigung
Kimono = Kleidungsstück der Japaner
Kodansha = Kodokan-DAN (ab 5. DAN)
Kodokan = Dojo des Kano
Komi = innen, drehen
Koshi/Goshi = Hüfte
Koshiki-no-kata = Antike Form
Koshi-waza = Hüfttechniken
Kubi = Nacken
Kumi = fassen, greifen
Kumi-kata = Faßarten im Judo
Kuzure = Abart, Variante
Kuzushi = Gleichgewichtbrechen
Kyo = Rang, Schülergrad
Gruppe von Techniken
6. Rok-kyo: weißer Gürtel
5. Go-kyo: gelber Gürtel
4. Shi-kyo: oranger Gürtel
3. San-kyo: grüner Gürtel
2. Ni-kyo: brauner Gürtel
1. Ik-kyo: brauner Gürtel
Ma = gerade
Mae = von vorne
Mae-ukemi = vorwärts fallen
Maga = abblocken
Maki = einrollen, eindrehen
Makomi-waza = Eindrehwürfe
Makura = Kissen

Masutemi-waza = Gerade Körperwürfe
Mata = Innenschenkelseite
Me = Auge
Migi = rechts
Migi-shizenta = Grundstellung rechts
Mokuso = Konzentrationssitz, Augen schließen
Mondo = Lehrgespräch
Morote = mit beiden Händen
Mune = Brust
Nage = werfen
Nage-no-kata = Form des Werfens
Nage-waza = Wurftechniken
Nami = normal, gewöhnlich
Ne = liegend, Bodenlage
Ne-waza = Bodentechniken
O = groß
Obi = Gürtel
Okuri = nachschicken, beide
Osae = halten
Osae-komi-waza = Haltegriffe
Othen = auf die Seite drehen
Ran = locker, Unruhe, ohne bestimmte Regel
Randori = freies Üben, lockeres Üben
Rei = Gruß, Begrüßung
Renraku-waza = Kombinationstechniken
Renshu = üben, freies Lernen
Renzoku = weitermachen
Ritsu-rei = Gruß im Stand
Ryo/Rio = beide, zwei
Sabaki = drehen, ausweichen
Samurai = japanischer Ritter (Adeliger)
Sankaku = Dreieck
Sasae = stützen
Sensei = Meister, Lehrer
Sensei-rei = Gruß an den Lehrer
Seoi = Schulter, Rücken
Shiai = Wettkampf
Shihan = Vorbild, Lehrer
Shiho = vier Ecken, von allen Seiten
Shime-waza = Würgetechniken
Shintai = Gehschule, richtiges Gehen
Shisei = Stellung, richtiges Stehen
Shita = unten, nach unten
Shizen-tai = Grundstellung
Sode = Ärmel
Soto = außen
Sukui = Schaufel
Sumi = Ecke, Winkel
Sutemi = sich selbst fallen lassen
Sutemi-waza = Selbstfalltechniken
Ma-sutemi-waza = gerade Körperwürfe
Yoko-sutemi-waza = seitliche Körperwürfe
Tachi = Stand, im Stehen, Grundstellung
Tachi-waza = Standtechniken
Tai = Körper
Tai-sabaki = Körperdrehung
Tandoku-renshu = Üben ohne Partner
Tani = Tal
Tatami = Reisstrohmatte
Tate = der Länge nach
Taware = Reisballen
Te = Hand
Te-waza = Handwürfe
Tobi-komi = laufen, springen
Tomoe = Bogen, Kreis
Tori = Angreifer, Werfer
Tsugi = stoßen
Tsugi-ashi = Nachstellschritt
Tsukuri = Eingang, Wurfansatz
Tsuri/Subi = schleifen mit den Fußsohlen
Tsuri-ashi = Gehen mit schleifenden Füßen
Tsuri-komi = Hebezug, herumziehen

Uchi = innen
Uchi-komi = Wurfansätze in Folge
Ude = Arm
Uke = der Geworfene, Partner
Uki = schweben, flattern, gleiten, schwimmen
Ura = entgegengesetzt
Ushiro = hinten, rückwärts, von hinten
Utsuri = überwechseln, ändern
Wakare = sich trennen, wegtreten, reißen
Waki = Achselhöhle
Waza = Technik
Wazaari = halber Punkt
Yaku-soku-geiko = schnelles gegenseitiges Werfen ohne Widerstand nach Absprache
Yama/Jama = Berg
Yoko = seitlich, Seite
Yoko-sutemi-waza = seitliche Körperwürfe
Za = Sitz
Za-rei = Gruß im Sitzen
Za-sen = Konzentrationssitz
Zori = Strohsandalen

Register

NÜTZLICHE RATGEBER

EINE AUSWAHL

Stand: Frühjahr 1991

Essen und Trinken

Meine feine Bürgerliche Küche
(**4411**-9) Von E. Falout, 160 S., 119 Farbfotos, Pappband. ●●●

Kochen für 1 Person
Rationell wirtschaften, abwechslungsreich und schmackhaft zubereiten. (**0586**-5) Von M. Nicolin, 104 S., 8 Farbtafeln, 23 Zeichnungen, kart. ●

Schnell und individuell
Die raffinierte Single-Küche
(**4266**-3) Von F. Faist, 160 S., 151 Farbfotos, Pappband. ●●●

Für Kenner und Genießer **Lamm**
(**1090**-7) Von H. Imhof, 64 S., 50 Farbfotos, Pappband. ●

Frischer Fang aus Fluß und Meer **Fisch**
(**0964**-X) Von L. Grieser, 64 S., 69 Farbfotos, Pappband. ●

Edler Kern in harter Schale **Meeresfrüchte**
(**0886**-4) Von L. Grieser, 48 S., 52 Farbfotos, Pappband. ●

Gaumenfreuden Tag für Tag
Pfannengerichte
(**1007**-9) Von S. Fabke, 64 S., 54 Farbfotos, Pappband. ●

Von Tatar und falschen Hasen **Hackfleisch**
(**0866**-X) Von A. und G. Eckert, 64 S., 42 Farbfotos, Pappband. ●

Aus eigener Küche **Gute Wurst**
(**0948**-8) Von J. Bessel, G. Quaas, 80 S., 8 Farbtafeln, kart. ●

Aus lauter Lust und Liebe **Knoblauch**
(**0867**-8) Von L. Reinirkens, 64 S., 45 Farbfotos, Pappband. ●

Kochen und würzen mit **Paprika**
(**0792**-2) Von A. und G. Eckert, 88 S., 8 Farbtafeln, kart. ●

Bintje, Irmgard und Sieglinde
Kartoffeln
(**1032**-X) Von S. Fabke, 64 S., 43 Farb- und 1 s/w-Foto, Pappband. ●

Leicht und lecker
Nudelgerichte
Die besten Rezepte aus der 3 GLOCKEN-Feinschmecker-Küche.
(**0466**-4) Von Chr. Stephan, 80 S., 8 Farbtafeln, kartoniert. ●

Pasta in Höchstform **Nudeln**
(**0884**-8) Von M. Kirsch, 64 S., 62 Farbfotos, Pappband. ●

Kräftig klar und cremig zart **Feine Suppen**
(**1031**-1) Von H. Imhof, 64 S., 48 Farbfotos, Pappband. ●

Herzhaftes für Leib und Seele **Eintöpfe**
(**0820**-1) Von P. Klein, 48 S., 30 Farbfotos, Pappband. ●

Spezialitäten unter knuspriger Decke
Aufläufe
(**0882**-1) Von C. Adam, 48 S., 33 Farbfotos, Pappband. ●

In Hülle und Fülle **Pasteten und Terrinen**
(**0883**-X) Von M. Kirsch, 48 S., 62 Farbfotos, Pappband. ●

Die Krönung der feinen Küche **Saucen**
(**0817**-1) Von G. Cavestri, 48 S., 40 Farbfotos, Pappband. ●

Schlank und köstlich **Spargel**
(**1005**-2) Von M. Kirsch, 64 S., 44 Farbfotos, Pappband. ●

Von Aubergine bis Zucchini **Gemüse**
(**1061**-3) Von H. Cohrs, 64 S., 39 Farbfotos, Pappband. ●

Statt Breakfast und Lunch **Brunch**
(**1033**-8) Von C. Adam, 64 S., 49 Farbfotos, Pappband. ●

Die schönsten Rezepte für
Frühstück und Brunch
(**1063**-X) Von K. Kruse-Schorling, 80 S., 8 Farbtafeln, kart. ●

Mit Lust und Liebe
Kochen mit den Meistern
(**4445**-3) 176 S., 132 Farbfotos, 50 Graffiti, Pappband. ●●●●

Zaubern mit der schnellen Welle
Die neue Mikrowellenküche
(**4289**-2) Von F. Faist, 208 S., 188 Farbfotos, Pappband. ●●●

Schnell auf den Tisch gezaubert
Kochen mit Mikrowellen
(**0818**-X) Von A. Danner, 64 S., 52 Farbfotos, Pappband. ●

Knusprig braten und backen im
Mikrowellen-Kombigerät
(**0996**-X) Von T. Peters, 120 S., 100 Farbfotos, kartoniert. ●●

Leicht und vitaminreich
Vegetarische Mikrowellenküche
(**0995**-X) Von F. Faist, 118 S., 103 Farbfotos, kartoniert. ●●

Schnell und individuell
Mikrowellenküche für Singles
(**0997**-6) Von A. Görgens, 118 S., 103 Farbfotos, kartoniert. ●●

Vom ersten Versuch zum Menü
Mikrowellenküche leicht gemacht
(**0994**-1) Von T. Peters, 112 S., 96 Farbfotos, kartoniert. ●●

Zart gedünstet, schonend gegart
Fischgerichte aus der Mikrowellenküche
(**1092**-3) Von A. Ilies, 96 S., 106 Farbfotos, kartoniert. ●●

Köstliches ganz schnell gezaubert
Aufläufe aus der Mikrowellenküche
(**1093**-1) Von K. Kruse-Schorling, 96 S., 89 Farbfotos, kartoniert. ●●

Natürlich Kochen im
Mikrowellen-Römertopf
(**0947**-X) Von F. Faist, 96 S., 8 Farbtafeln, kartoniert. ●

Das neue Fritieren
geruchlos, schmackhaft und gesund.
(**0365**-X) Von P. Kühne, 88 S., 8 Farbtafeln, kart. ●

Goldbraun und knusprig
Fritierte Leckerbissen
(**0868**-6) Von F. Faist, 64 S., 47 Farbfotos, Pappband. ●

Schnell und gut gekocht
Die tollsten Rezepte für den Schnellkochtopf
(**0265**-3) Von J. Ley, 96 S., 8 Farbtafeln, kart. ●

Italienische Vorspeisen **Antipasti**
(**1006**-0) Von S. Reiter-Westphal, 64 S., 47 Farbfotos, Pappband. ●

Schlemmerreise durch die
Italienische Küche
(**4172**-1) Von V. Pifferi, 160 S., 109 Farbfotos, Pappband. ●●●

Schlemmen wie bei Mamma Maria
Pizzas
(**0815**-5) Von F. Faist, 64 S., 62 Farbfotos, Pappband. ●

Spaghetti, Tagliatelle + Co.
Pasta all'Italiana
(**1004**-4) Von I. Seyric, 64 S., 57 Farbfotos, Pappband. ●

Pikantes und Süßes mit französischem Charme **Bistro-Küche**
(**4428**-3) Von V. Müller, 160 S., 130 Farbfotos, Pappband. ●●●

Schlemmerreise durch die
Französische Küche
(**4296**-5) Von H. Imhof, 160 S., 147 Farbfotos, 3 s/w-Fotos, Pappband. ●●●

Schlemmerreise durch die
Chinesische Küche
(**4184**-5) Von K. H. Jen, 160 S., 117 Farbfotos, Pappband. ●●●

Verheißungsvoll fernöstlich
Spezialitäten aus dem Wok
(**0933**-X) Von K. H. Jen, 64 S., 56 Farbfotos, Pappband. ●

Mit Lust und Liebe **Chinesisch Kochen**
(**4441**-0) Von Ho Fu-Lung, Uli Franz, 176 S., 189 Farbfotos, 29 Zeichnungen, Pappband. ●●●●

Mehr Freude und Erfolg beim **Grillen**
(**4141**-1) Von A. Berliner, 160 S., 147 Farbfotos, 10 farbige Zeichnungen, Pappband. ●●●

Köstliches vom Rost und Spieß **Grillen**
(**0931**-3) Von A. Kalcher-Dähn, H. K. Kalcher, 64 S., 43 Farbfotos, Pappband. ●

Rezepte rund um Raclette und Doppeldecker
(**0420**-6) Von J. W. Hochscheid, 72 S., 8 Farbtafeln, kart. ●

Schlemmen in geselliger Runde
Fleischfondues
(**0966**-6) Von M. Spötter, 64 S., 62 Farbfotos, Pappband. ●

Fondues und Raclettes
(**4253**-1) Von F. Faist, 160 S., 125 Farbfotos, Pappband. ●●●

Die hier vorgestellten Bücher, Videokassetten und Software sind in folgende Preisgruppen unterteilt:

● Preisgruppe bis DM 10,–/S 79,–/SFr 10,–
●● Preisgruppe über DM 10,– bis DM 20,– S 80,– bis S 160,– SFr 10,– bis SFr 20,–
●●● Preisgruppe über DM 20,– bis DM 30,– S 161,– bis S 240,– SFr 20,– bis SFr 29,–
●●●● Preisgruppe über DM 30,– bis DM 50,– S 241,– bis S 400,– SFr 29,– bis SFr 48,–
●●●●● Preisgruppe über DM 50,–/S 401,–/SFr 48,–
*(unverbindliche Preisempfehlung)

Die Preise entsprechen dem Status beim Druck dieses Verzeichnisses (s. Seite 1) – Änderungen, im besonderen der Preise, vorbehalten –

Falken-Verlag GmbH · Postfach 1120 FALKEN D-6272 Niedernhausen/Ts. · Tel.: 0 61 27/70 20

Schmelzendes Käsevergnügen **Raclette**
(**0881**-3) Von F. Faist, 48 S., 33 Farbfotos, Pappband. ●

Kulinarischer Feuerzauber **Flambieren**
(**4294**-9) Von R. Wesseler, 120 S., 100 Farbfotos, Pappband. ●●●

Das köstliche knackige Schlemmervergnügen **Salate**
(**4165**-9) Von V. Müller, 160 S., 80 Farbfotos, Pappband. ●●●

Gartenfrisch genießen
Feine Salate
(**4450**-X) Von P. Nikolay, 160 S., 122 Farbfotos, Pappband. ●●●

Köstliche Salate
zum Verwöhnen
(**0222**-X) Von Chr. Schönherr, 96 S., 8 Farbtafeln, 30 Zeichnungen, kartoniert. ●

Frisch und leicht als Hauptgericht
Schlemmersalate
(**0934**-8) Von C. Adam, 64 S., 49 Farbfotos, Pappband. ●

Köstlich frisch auf den Tisch
Rohkostsalate
(**0865**-1) Von C. Adam, 48 S., 26 Farbfotos, Pappband. ●

Raffiniert und gesund würzen
Kräuterküche
(**0869**-4) Von A. Görgens, 48 S., 43 Farbfotos, Pappband. ●

Miekes Kräuter- und Gewürzkochbuch
(**0323**-4) Von I. Persy, K. Mieke, 88 S., 4 Farbtafeln, kartoniert. ●

Joghurt, Quark, Käse und Butter
Schmackhaftes aus Milch hausgemacht.
(**0739**-6) Von M. Bustorf-Hirsch, 32 S., 59 Farbabb., Pappband. ●

Gesund und vielseitig **Alles mit Joghurt**
täglich selbstgemacht, mit vielen Rezepten.
(**0382**-6) Von G. Volz, 64 S., 8 Farbtafeln, kartoniert. ●

Locker, flockig, leicht...
Müsli & Co
(**0965**-8) Von C. Adam, 64 S., 42 Farbfotos, Pappband. ●

Bärenstark und kerngesund
Vollwertkost für Kinder
(**0968**-2) Von S. Reiter, 64 S., 44 Farbfotos, Pappband. ●

Gesunde Ernährung für mein Kind
(**0776**-6) Von M. Bustorf-Hirsch, 112 S., 8 Farbtafeln, 5 s/w-Zeichnungen, kart. ●

Das Getreidemühlenkochbuch
(**1017**-6) Von M. Bustorf-Hirsch, 112 S., 8 Farbtafeln, kartoniert. ●

Meine Vollkornküche
Herzhaftes von echtem Schrot und Korn
(**0858**-9) Von S. Walz, 96 S., 8 Farbtafeln, kartoniert. ●

Die verlockende Alternative
Süße Vollwertküche
(**0936**-4) Von A. Roßmeier, 64 S., 50 Farbfotos, Pappband. ●

Die gesunde Art, sich zu verwöhnen
Vollwertküche für Singles
(**0937**-2) Von A. Görgens, 64 S., 43 Farbfotos, Pappband. ●

Dinkel, Hirse, Roggenkorn...
Kerniges aus der Getreideküche
(**0932**-1) Von S. Frank, 64 S., 49 Farbfotos, Pappband. ●

Die feine Vollwertküche
(**4286**-8) Von M. Bustorf-Hirsch, 160 S., 83 Farbfotos, Pappband. ●●●

Mit Lust und Liebe...
Vollwertküche für Genießer
(**4412**-4) Von Prof. Dr. C. Leitzmann, H. Million, 256 S., 329 Farbfotos, Pappband. ●●●●

Die feine Vegetarische Küche
(**4235**-3) Von F. Faist, 160 S., 191 Farbfotos, Pappband. ●●●

Schmackhafte Vollwertkost ohne tierisches Eiweiß
(**0993**-3) Von M. Bustorf-Hirsch, 96 S., 54 Farbfotos, kartoniert. ●●

Cholesterinarm kochen und genießen
(**4442**-9) Von R. Unsorg, 168 S., 132 Farbfotos, kartoniert. ●●●

Die aktuelle **Cholesterintabelle**
(**1088**-5) Von Dr. H. Oberritter, 84 S., 12 zweifarbige Grafiken, kartoniert. ●

Die aktuelle Vitamin- und Mineralstofftabelle
Mit Angaben zu den wichtigsten Vitaminen und Mineralstoffen
(**1110**-5) Von Dr. H. Oberritter, 88 S., 1 zweifarbige Grafik, kart. ●

Vollwertküche für Diabetiker
Köstlich kochen und backen für die ganze Familie
(**4473**-9) Von Prof. Dr. C. Leitzmann, Prof. Dr. H. Laube, H. Million, 168 S., 172 Farbfotos, 8 Zeichnungen, Pappband. ●●●●

Kochen und backen für Diabetiker
Gesund und schmackhaft für die ganze Familie
(**4467**-4) Von Dr. med. M. Toeller, W. Schumacher, A. Groote, Dr. troph. A. Klischan, 176 S., 182 Farbfotos, Pappband. ●●●●

Würzig kochen ohne Salz
(**0922**-4) Von S. Roediger-Streubel, 160 S., 16 Farbtafeln, kart. ●●

Die Sojaküche
Gesund und abwechslungsreich essen
(**0894**-5) Von U. Kolster, 80 S., 8 Farbtafeln, kart. ●

Gesund kochen mit Keimen und Sprossen
(**0794**-9) Von M. Bustorf-Hirsch, 96 S., 4 Farbtafeln, 13 s/w-Zeichnungen, kart. ●

Keime und Sprossen in der Naturküche
(**4299**-X) Von M. Bustorf-Hirsch, 96 S., 144 Farbfotos, Pappband. ●●

Waffeln
Hörnchen, Pfannkuchen und Crèpes.
(**0522**-9) Von C. Stephan, 64 S., 8 Farbtafeln, kart. ●

Mehr Freude und Erfolg beim
Brotbacken
(**4148**-9) Von A. und G. Eckert, 160 S., 177 Farbfotos, Pappband. ●●●

Meine Vollkornbackstube
Brot · Kuchen · Aufläufe. (**0616**-0) Von R. Raffelt, 96 S., 4 Farbtafeln, 12 Zeichnungen, kartoniert. ●

Die feine Vollkornbackstube
(**4474**-7) Von M. Bustorf-Hirsch, 160 S., 128 Farbfotos, Pappband. ●●●

Mit Körnern, Zimt und Mandelkern
Vollkorngebäck
(**0816**-3) Von M. Bustorf-Hirsch, 48 S., 39 Farbfotos, Pappband. ●

Knusprig, kernig, urgesund **Vollkornbrot**
(**0938**-0) Von S. Reiter, 64 S., 46 Farbfotos, Pappband. ●

Weihnachtsbäckerei
Köstliche Plätzchen, Stollen, Honigkuchen und Festtagstorten.
(**0682**-9) Von M. Sauerborn, 32 S., 34 Farbfotos, Pappband. ●

Meine Weihnachtsbackstube
(**5163**-8) Von M. Sauerborn, 32 S., 23 Farbfotos, mit Vorlagebogen in Originalgröße, kart. ●

Süße Verführungen **Desserts**
(**0885**-6) Von M. Bacher, 64 S., 75 Farbfotos, Pappband. ●

Süße Geheimnisse eiskalt gelüftet
Eis und Sorbets
(**0870**-8) Von H. W. Liebheit, 48 S., 38 Farbfotos, Pappband. ●

Raffiniertes mit
Eis
Drinks/Desserts/Eissorten
(**1029**-X) Von F. Hoffmann, 64 S., 74 Farbfotos, Pappband. ●

Zart schmelzende Versuchungen
Schokolade
(**0819**-8) Von J. Schroer, 48 S., 53 Farbfotos, Pappband. ●

Haltbarmachen in der Öko-Küche
Gesunde Konservierungsmethoden für Obst, Gemüse, Kräuter und Pilze. (**0923**-2) Von M. Bustorf-Hirsch, 120 S., 92 Farbabb., kart. ●●

Komm, koch und back mit mir
Kunterbuntes Kochvergnügen für Kinder.
(**4285**-X) Von S. und H. Theilig, illustriert von B. v. Hayek, 112 S., 45 Farbabb., Pappband. ●●

Lirum, larum, Löffelstiel...
Kinder kochen mit Knuddel
(**1094**-X) Von U. Bültjer, 80 S., 27 zweifarbige Zeichnungen, kart. ●

Mit Lust und Liebe **Kalte Platten & Buffets**
Anrichten und Garnieren
(**4427**-5) Von P. Grotz, 176 S., 228 Farbfotos, Pappband. ●●●●

Garnieren und Verzieren
(**4236**-1) Von R. Biller, 160 S., 329 Farbfotos, 57 Zeichnungen, Pappband. ●●●

Köstlichkeiten für Gäste und Feste
Kalte Platten
(**4200**-0) Von I. Pfliegner, 160 S., 130 Farbfotos, Pappband. ●●●

Wenn Gäste kommen...
Kalte Küche
(**1060**-5) Von A. Ilies, 64 S., 49 Farbfotos, Pappband. ●

Raffiniert und vielseitig
Toasts und Sandwiches
(**1109**-1) Von R. und T. Donhauser, 64 S., 52 Farbfotos, Pappband. ●

Fein und raffiniert
Canapés und kleine Köstlichkeiten
(**0963**-1) Von H. Imhof, 64 S., 53 Farbfotos, Pappband. ●

Festlich kochen und backen
für Advent und Weihnachten
(**4443**-7) Von A. Guter, 96 S., 66 Farbfotos, 1 s/w-Foto, Pappband. ●●

Der perfekt gedeckte Tisch
(**1028**-1) Von H. Tapper, 80 S., 161 Farbfotos, 13 Zeichnungen, kartoniert. ●●

Der schön gedeckte Tisch
Vom einfachen Gedeck bis zur Festtafel stimmungsvoll und perfekt arrangiert.
(**4246**-1) Von H. Tapper, 112 S., 206 Farbfotos, 21 s/w-Abbildungen, Pappband. ●●●

Servietten falten
80 Ideen für schön gedeckte Tische
(**1042**-7) Von M. Müller, O. Mikolasek, 80 S., 289 Farbfotos, 50 Zeichnungen, kartoniert. ●●

Phantasievolle Tischdekorationen selber machen
(**0984**-4) Von Y. Thalheim, H. Nadolny, 80 S., 174 Farbfotos, 21 Zeichnungen, kart. ●●

Tischkarten dekorativ gestalten
aus allerlei Material für viele Anlässe
(**0946**-1) Von H. York, 32 S., 108 Farbfotos, Pappband. ●

Servietten dekorativ falten
Geschmackvolle Anregungen aus Stoff und Papier. (**0804**-X) Von H. Tapper, 32 S., 134 Farbfotos, Pappband. ●

Tee für Genießer
Sorten · Riten · Rezepte
(**0356**-0) Von M. Nicolin, 64 S., 4 Farbtafeln, kart. ●

Weine und Säfte, Liköre und Sekt
selbstgemacht.
(**0702**-7) Von P. Arauner, 232 S., 76 Abb., kart. ●●

Fruchtig, spritzig, eisgekühlt
Mixen ohne Alkohol
(**0935**-6) Von S. Späth, 64 S., 44 Farbfotos, Pappband. ●

Mit und ohne Alkohol
Longdrinks
(**1062**-1) Von S. Edelberg, 64 S., 47 Farbfotos, Pappband. ●

Cocktails
(**4267**-1) Von W. R. Hoffmann, W. Hubert, U. Lottring, 160 S., 164 Farbfotos, 1 s/w-Foto, Pappband. ●●●

Cocktails und Mixereien
für häusliche Feste und Feiern. (**0075**-8) Von J. Walker, 96 S., 4 Farbtafeln, kart. ●

Die besten Punsche, Grogs und Bowlen
(**0575**-X) Von F. Dingden, 64 S., 4 Farbt., kart. ●

SLIM
Der neue, individuelle Schlankheitsplan.
(**4277**-9) Von Prof. Dr. E. Menden, W. Aign, 120 S., 440 Farbfotos, Pappband. ●●●

Schlank werden nach Dr. Hay **Trennkost**
Die bewährten Vollwert-Rezepte von Ursula Summ. (**4298**-1) Von U. Summ, 96 S., 54 Farbfotos, 1 Zeichnung, kart. ●●

Gesund leben nach Dr. Hay
Cholesterinarme Trennkost
Neue Vollwert-Rezepte von Ursula Summ
(**4475**-5) Von U. Summ, 96 S., 52 Farbfotos, kart. ●●

Eßlust statt Diätfrust
Die Pfundskur
(**1102**-4) Von Prof. Dr. V. Pudel, 144 S., 8 s/w-Zeichnungen, 4 Vignetten, kartoniert. ●

Schlank nach Maß
mit der Diät-Computerwaage
(**1064**-8) Von K. Alisch, 104 S., 8 Farbtafeln, kart. ●

Gesundes Essen für Berufstätige
Die 4-Wochen-Vollwertkur
(**1065**-6) Von M. Weber, ca. 80 S., 8 Farbtafeln, kart. ●

Hobby und Freizeit

Falken-Handbuch
Zeichnen und Malen
(**4167**-5) Von B. Bagnall, 336 S., 1154 Farbabb., Pappband. ●●●●●

Punkt, Punkt, Komma, Strich
Zeichenstunde für Kinder
(**0564**-4) Von H. Witzig, 144 S., über 250 Zeichnungen, kart. ●

Einmal grad und einmal krumm
Zeichenstunde für Kinder
(**0599**-7) Von H. Witzig, 144 S., 363 Abb., kartoniert. ●

Figürliches Zeichnen
leicht gemacht
(**1010**-9) Von H. Witzig, 112 S., 462 Figuren, kartoniert. ●

Airbrush
Kreatives Gestalten mit dem Luftpinsel
(**1133**-4) Von C. M. Mette, 80 S., 145 Farbfotos, 40 Farbzeichnungen, kartoniert. ●●

Spielend zeichnen lernen mit den Montagsmalern
(**0974**-7) Von G. Lages, Sigi Harreis, 112 S., 326 s/w-Zeichnungen, kartoniert. ●●

Kalligraphie
Die Kunst des schönen Schreibens
(**4263**-9) Von C. Hartmann, 120 S., 44 Farbvorlagen, 29 s/w-Vorlagen, 2 s/w-Zeichnungen, 38 Farbfotos, Pappband. ●●●●

Gestalten mit Schrift
Kalligraphie
(**1044**-3) Von I. Schade, 80 S., 2 Farb- und 1 s/w Foto, 143 Farbzeichnungen, kartoniert. ●●

Aquarellmalerei leicht gelernt
Materialien · Techniken · Motive.
(**0787**-6) Von T. Hinz, R. Braun, B. Zeidler, 32 S., 38 Farbfotos, 1 Zeichn., Pappband. ●

Hobby Aquarellmalen
Landschaft und Stilleben.
(**0876**-7) Von I. Schade, A. Brück, 80 S., 111 Farbabb., kart. ●●

Hobby Ölmalerei
Landschaft und Stilleben.
(**0875**-9) Von H. Kämper, I. Becker, 80 S., 93 Farbabb., kart. ●●

Hobby Bauernmalerei
(**0436**-2) Von S. Ramos und J. Roszak, 80 S., 116 Farbfotos und 28 Motivvorlagen, kart. ●●

Seidenmalerei in Vollendung
(**4414**-3) Hrsg. von R. Smend, 160 S., 227 Farbfotos, 36 s/w-Fotos, geprägter Leineneinband mit Schutzumschlag, im Schuber, **DM 98,–**, S 784,–, SFr 94,10

Seidenmalerei und Modedesign
Modelle · Techniken · Schnittmuster
(**4476**-3) Von B. Hansen, 176 S., 140 Farbfotos, 93 Farb-, 68 s/w-Zeichnungen, Pappband. ●●●●

Seidenmalerei als Kunst und Hobby
(**4264**-7) Von S. Hahn, 136 S., Farbabb., 1 s/w-Foto, Pappband. ●●●●

Neue zauberhafte Seidenmalerei
Motive und Anregungen aus der Natur.
(**0924**-0) Von R. Henge, 80 S., 148 Farbfotos, 27 s/w-Zeichnungen, kart. ●●

Kunstvolle Seidenmalerei
Mit zauberhaften Ideen zum Nachgestalten
(**0783**-3) Von I. Demharter, 32 S., 56 Farbfotos, Pappband. ●

Aquarellieren auf Seide
Materialien · Techniken · Motive
(**0917**-8) Von I. Demharter, 32 S., 41 Farbfotos, Pappband. ●

Seidenmalerei Landschaften
(**5153**-0) Von D. Kosik, 32 S., 50 Farbfotos, 12 Zeichnungen, mit Vorlagebogen in Originalgröße, kart. ●

Seidenmalerei Kissen
(**5151**-4) Von I. Demharter, 32 S., 42 Farbfotos, 2 Zeichnungen, mit Vorlagebogen in Originalgröße, kart. ●

Seidenmalerei Blusen und T-Shirts
(**5184**-0) Von A. Keller, 32 S., 28 Farbfotos, 12 Zeichnungen, mit Vorlagebogen in Originalgröße, kartoniert. ●

Seidenmalerei Tücher und Schals
(**5152**-2) Von R. Henge, 32 S., 36 Farbfotos, 1 Zeichnung, mit Vorlagebogen in Originalgröße, kart. ●

Seidenmalerei Taschen und Gürtel
(**5194**-8) Von S. Tichy-Gibley, 32 S., 30 Farbfotos, 8 Farbzeichnungen, mit Vorlagebogen in Originalgröße, kartoniert. ●

Seidenmalerei Tiermotive
(**5204**-9) Von A. Keller, 32 S., 37 Farbfotos, mit Vorlagebogen in Originalgröße, kart. ●

Serti Designo
Seidenmalerei mit Kreidestiften
(**5208**-1) Von S. Tichy-Gibley, 32 S., 46 Farbfotos, mit Vorlagebogen in Originalgröße, kart. ●

Seidenmalerei Lampenschirme
(**5154**-9) Von I. Walter-Ammon, 32 S., 47 Farbfotos, 1 Zeichnung, mit Vorlagebogen in Originalgröße, kart. ●

Seidenmalerei Blüten, Blätter, Ranken
(**5165**-4) Von D. Kosik, 32 S., 35 Farbfotos, 4 Zeichnungen, mit Vorlagebogen in Originalgröße, kart. ●

Seidenmalerei Schmuckkarten und Miniaturbilder
(**5166**-2) Von I. Walter-Ammon, 32 S., 37 Farbfotos, 2 Zeichnungen, mit Vorlagebogen in Originalgröße, kart. ●

Seidenmalerei Bilder in Konturentechnik
(**5182**-4) Von I. Demharter, 32 S., 28 Farbfotos, 2 Zeichnungen, mit Vorlagebogen in Originalgröße, kartoniert. ●

Seidenmalerei Applikationen
(**5224**-3) Von J. Bressau, 32 S., 50 Farbfotos, mit Vorlagebogen in Originalgröße, kartoniert. ●

Falken-Handbuch
Häkeln
ABC der Häkeltechniken und Häkelmuster in ausführlichen Schritt-für-Schritt-Bildfolgen
(**4194**-2) Von H. Fuchs, M. Natter, 288 S., 597 Farbfotos, 476 Farbzeichnungen, Pappband. ●●●●

Das moderne Standardwerk von der Expertin
Perfekt Stricken
Mit Sonderteil Häkeln.
(**4250**-7) Von H. Jaacks, 256 S., 703 Farbfotos, 169 Farb- und 121 s/w-Zeichnungen, Pappband. ●●●

Hobby Patchwork und Quilten
(**0768**-X) Von B. Staub-Wachsmuth, 80 S., 108 Farbabb., 43 Zeichnungen, kart. ●●

Hobby Spitzencollagen
Bezaubernde Motive aus edlem Material
(**0847**-3) Von H. Westphal, 80 S., 186 Farbfotos, kart. ●●

Marionetten
selbst bauen und führen
(**1043**-5) Von D. Köhnen, 80 S., 150 Farbfotos, mit Schnittmusterbogen, kartoniert. ●●

Charakterpuppen
aus Cernit und Porzellan selbst gestalten
(**1156**-3) Von S. Becker, 64 S., 143 Farbfotos, 30 Zeichnungen, 13 Vignetten, mit Schnittmusterbogen, kartoniert. ●●

Puppen zum Liebhaben
(**5199**-9) Von B. Wehrle, 32 S., 27 Farbfotos, 9 s/w-Zeichnungen, mit Vorlagebogen in Originalgröße, kartoniert. ●

Teddybären
Sechs beliebte Modelle
(**5159**-X) Von Y. Thalheim, H. Nadolny, 32 S., 46 Farbfotos, 9 Zeichnungen, mit Vorlagebogen in Originalgröße, kart. ●

Heißgeliebte Teddybären
Selbermachen · Sammeln · Restaurieren.
(**0900**-3) Von H. Nadolny, Y. Thalheim, 80 S., 119 Farbfotos, 23 s/w-Zeichnungen, 14 S. Schnittmusterbogen, kart. ●●

Neue zauberhafte Salzteig-Ideen
(**0719**-1) Von I. Kiskalt, 80 S., 324 Farbfotos, 12 Zeichnungen, Schablonen, kart. ●●

Salzteig kinderleicht
(**0973**-9) Von I. Kiskalt, 80 S., 224 Farbfotos, 8 Zeichnungen, kart. ●●

Kreatives Gestalten mit Ton
Töpfern ohne Scheibe – Aufbaukeramik
(**0896**-1) Von A. Riedinger, 80 S., 207 Farbfotos, 16 Zeichnungen, 7 Vignetten, kart. ●●

Kreatives Gestalten mit Ton
Töpfern auf der Scheibe
(**0971**-2) Von A. Riedinger, 80 S., 28 Farb- und 3 s/w-Zeichnungen, 178 Farbfotos, kartoniert. ●●

Edles Porzellan
(**4437**-2) Von M. Lutze, Prof. E. Lessing, 160 S., 175 Farbfotos, Leineneinband, mit Schutzumschlag, im Schuber ●●●●●

Hobby Glaskunst in Tiffany-Technik
(**0781**-7) Von N. Köppel, 80 S., 194 Farbfotos, 6 s/w-Abb., kart. ●●

Tiffany-Lampen selbermachen
Arbeitsanleitung · Materialien · Modelle
(**0684**-5) Von I. Spliethoff, 32 S., 60 Farbfotos, 19 Zeichnungen, Pappband. ●

Fensterbilder in Tiffany-Technik
(**5168**-9) Von P. Matz, 32 S., 43 Farbfotos, mit Vorlagebogen in Originalgröße, kart. ●

Tiffany-Technik
und andere kunstvolle Arbeiten in Glas
(**0972**-0) Von D. Köhnen, 80 S., 176 Farbfotos, 5 s/w-Zeichnungen, kart. ●●

Tiffany-Gürtelschnallen
(**5160**-3) Von G. G. Scheib, R. Grella, 32 S., 52 Farbfotos, 1 Zeichnung, mit Vorlagebogen in Originalgröße, kart. ●

Modeschmuck mit Federn und Straß
(**5167**-0) Von J. Niemeier, 32 S., 41 Farbfotos, mit Vorlagebogen in Originalgröße, kart. ●

Modeschmuck selbst modellieren
(**5196**-4) Von K. Eichler, 32 S., 51 Farbfotos, mit Vorlagebogen in Originalgröße, kartoniert. ●

Modeschmuck in vielen Variationen
(**5180**-8) Von A. Hahn, 32 S., 39 Farbfotos, 3 Zeichnungen, mit Vorlagebogen in Originalgröße, kartoniert. ●

Effekt-Color
Phantasievolle Schmuck- und Deko-Ideen
(**5207**-3) Von A. Hahn, 32 S., 55 Farbfotos, mit Vorlagebogen in Originalgröße, kart. ●

Rocailles
Perlenschmuck
(**5209**-X) Von L. und E. Weiler, 32 S., 45 Farbfotos, 2 Zeichnungen, mit Vorlagebogen in Originalgröße, kart. ●

Perlenschmuck
(**5221**-9) Von H. Büderer, 32 S., 50 Farbfotos, mit Vorlagebogen in Originalgröße, kartoniert. ●

Exklusiver Modeschmuck
aus dem eigenen Atelier
(**0925**-9) Von J. Niemeier, J. Klein, 80 S., 141 Farbfotos, 25 Zeichnungen, kart. ●●

Masken
phantasievoll dekorieren
(**5155**-7) Von Chr. Familler, 32 S., 48 Farbfotos, mit Vorlagebogen in Originalgröße, kart. ●

Schwingtiere aus Holz gestalten
(**5222**-7) Von der Arbeitsgem. Werken, 32 S., 50 Farbfotos, mit Vorlagebogen in Originalgröße, kartoniert. ●

Hobby Drachen
bauen und steigen lassen. (**0767**-1) Von W. Schimmelpfennig, 80 S., 1 dreiseitige Ausklapptafel, 55 Farbfotos, 139 Zeichnungen, kart. ●●

Lenkdrachen
bauen und fliegen
(**1011**-7) Von W. Schimmelpfennig, 64 S., 51 Farbfotos und 126 Zeichnungen, kartoniert. ●●

Drachen
Einfache Modelle für Kinder
(**5156**-5) Von W. Schimmelpfennig, 32 S., 11 Farbfotos, 31 Zeichnungen, mit Vorlagebogen, kart. ●

Das große farbige
Bastelbuch für Kinder
(**4254**-X) Von U. Barff, I. Burkhardt, J. Maier, 224 S., 157 Farbfotos, 430 Farb- und 60 s/w-Zeichnungen, mit Schnittmusterbogen, Pappband. ●●●

Hobby Origami
Papierfalten für groß und klein
(**0756**-6) Von Z. Aytüre-Scheele, 80 S., 820 Farbfotos, kart. ●●

Neue zauberhafte Origami-Ideen
Papierfalten für groß und klein
(**0805**-8) Von Z. Aytüre-Scheele, 80 S., 720 Farbfotos, kart. ●●

Zauberwelt Origami
Tierfiguren aus Papier
(**1045**-1) Von Z. Aytüre-Scheele, 80 S., 660 Farbfotos, kartoniert. ●●

Pergamano
Pergamentpapier filigran gestalten
(**5202**-2) Von J. Allmann, 32 S., 51 Farbfotos, 5 Zeichnungen, mit Vorlagebogen in Originalgröße, kart. ●

Heut basteln wir mit Pappe und Papier
(**4413**-5) Von U. Barff, J. Maier, 224 S., 117 Farbfotos, 480 Farbzeichn., 25 s/w-Abb., mit Schnittmusterbogen, Pappband. ●●●

Das große farbige Bastel- und Werkbuch
(**4439**-9) Von D. Rex, 256 S., 999 Farbfotos, 33 Farbzeichnungen, Pappband. ●●●●

Mein liebstes Spiel- und Bastelbuch
Die Welt der Dinosaurier
Tiere und Landschaften zum Selbermachen
Ausbrechen, aufstellen, spielen
(**4478**-X) Von B. Burkart, 8 Blatt mit herauslösbaren Motiven, 280-g-Karton mit Stanzung, 8 S. Bastelanleitung und Sachinformation. ●●

Mein liebstes Spiel- und Bastelbuch
Leben auf dem Bauernhof
Tiere und Motive zum Selbermachen
Ausbrechen, aufstellen, spielen
(**4479**-8) Von K. Lausche, 8 Blatt mit herauslösbaren Motiven, 280-g-Karton mit Stanzung, 8 S. Bastelanleitung und Sachinformation. ●●

Schritt für Schritt zum Scherenschnitt
Materialien · Techniken · Gestaltungsvorschläge. (**0732**-9) Von H. Klingmüller, 32 S., 38 Farbfotos, 34 Vorlagen, Pappband. ●

Fensterbilder in Scherenschnitt
(**5169**-7) Von A. Hahn, 32 S., 52 Farbfotos, 3 s/w-Fotos, mit Vorlagebogen in Originalgröße, kart. ●

Fensterbilder
Meine Lieblingstiere
(**5197**-2) Von Y. Thalheim, H. Nadolny, 32 S., 38 Farbfotos, mit Vorlagebogen in Originalgröße, kartoniert. ●

Fensterbilder Lustige Tiere
(**5210**-3) Von F. Michalski, 32 S., 47 Farbfotos, mit Vorlagebogen in Originalgröße, kart. ●

Die schönsten Fensterbilder
(**1066**-4) Von C. Kimmerle, 64 S., 100 Farbfotos, 7 Zeichnungen, kartoniert. ●●

Perfekte Fensterbilder
(**4470**-4) Von S. Haenitsch-Weiß, A. Weiß, 8 vierfarbige Bogen 280-g-Karton mit Stanzung + 16 S. zweifarbige Ein/Anleitung. ●●

Märchenhafte Fensterbilder
(**5185**-9) Von J. Maier, 32 S., 37 Farbfotos, mit Vorlagebogen in Originalgröße, kart. ●

Fensterbilder Blumen und Tiere
(**5186**-7) Von M. Twachtmann, 32 S., 41 Farbfotos, 3 Zeichnungen, mit Vorlagebogen in Originalgröße, kartoniert. ●

Papierflieger
(**5157**-3) Von T. Gött, 32 S., 73 Farbfotos, 19 Zeichnungen, mit Vorlagebogen in Originalgröße, kart. ●

Laternen und Lampions
(**5206**-5) Von C. Hüfner, 32 S., 60 Farbfotos, mit Vorlagebogen in Originalgröße, kart. ●

Mobiles aus Papier
(**5183**-2) Von J. Maier, 32 S., 17 Farbfotos, 35 Farbzeichnungen, mit Vorlagebogen in Originalgröße, kartoniert. ●

Schachteln basteln und dekorieren
(**5170**-0) Von Chr. Adjano, 32 S., 55 Farbfotos, mit Vorlagebogen in Originalgröße, kart. ●

Die große Schachtelparade
(**4438**-0) Von Present Team, 16 vierfarbige Bogen 250-g-Karton mit Schachtelstanzung mit 4 S. Einleitung. ●●●

Deco Art
Die Kunst, Geschenke zu verpacken
(**0949**-6) Von B. Niermann, 80 S., 78 Farbfotos, 191 Zeichnungen, kart. ●●

Geschenke wunderschön verpacken
(**1113**-X) Von P. Jansen, 80 S., 79 Farbfotos, 166 Farbzeichnungen, kart. ●●

Geldgeschenke · Gutscheine · Geschenkanhänger
originell gestalten und verpacken
(**1115**-6) Von S. Haenitsch-Weiß, A. Weiß, 80 S., 176 Farbfotos, kart. ●●

Geschenke verpacken für Kinderfeste
(**5195**-6) Von C. Netolitzky, 32 S., 43 Farbfotos, mit Vorlagebogen in Originalgröße, kartoniert. ●

Bunte Dekorationen für den Kindergeburtstag
Mit Spielanleitung zum Fest der Tiere
(**4471**-2) Von S. Haenitsch-Weiß, A. Weiß, 8 vierfarbige Bogen 280-g-Karton mit Stanzung + 16 S. zweifarbige Ein/Anleitung. ●●

Originelles Ambiente für Gäste
Festdekorationen
(**1049**-4) Von B. Niermann, 80 S., 125 Farbfotos, 59 Farbzeichn., kartoniert. ●●

Dekorative Schleifen
aus Bändern und Papier
(**5205**-7) Von M. Schorege, 32 S., 28 Farbfotos, 31 Farbzeichnungen, mit Vorlagebogen in Originalgröße, kart. ●●

Dekorieren und Arrangieren mit
Seidenblumen
(**5200**-6) Von M. L. Spang, 32 S., 37 Farbfotos, 14 Farbzeichnungen, mit Vorlagebogen in Originalgröße, kartoniert. ●

Glückwunschkarten
(**5179**-4) Von A. Kolb, B. Michel, 32 S., 54 Farbfotos, mit Vorlagebogen in Originalgröße, kartoniert. ●

Schmuck- und Glückwunschkarten
Papierarchitektur · Collagen · Faltschnittkarten
(**1114**-8) Von C. Sanladerer, 64 S., 55 Farbfotos, 31 Zeichnungen, kart. ●●

Altes Brauchtum neu entdeckt
Schmuck-Eier
Kunstvoll gestalten und verzieren.
(**0919**-4) Von I. Kiskalt, 32 S., 45 Farbfotos, 3 s/w-Zeichnungen, Pappband. ●

Ostereier originell dekorieren
(**5219**-7) Von W. Velte, 32 S., 44 Farbfotos, mit Vorlagebogen in Originalgröße, kartoniert. ●

Dekorationen für Ostern
(**5198**-0) Von Y. Thalheim, H. Nadolny, 32 S., 48 Farbfotos, mit Vorlagebogen in Originalgröße, kartoniert. ●

Basteln für Ostern
(**5164**-6) Von Chr. Adjano, 32 S., 47 Farbfotos, mit Vorlagebogen in Originalgröße, kartoniert. ●

Tischdekorationen für Ostern
(**5220**-0) Von Chr. Adjano, 32 S., 49 Farbfotos, mit Vorlagebogen in Originalgröße, kartoniert. ●

Weihnachtsgeschenke schön verpacken
Schachteln · Dekorationen · Geschenkpapiere
(**4469**-0) Von Present Team, 10 vierfarbige Bogen 250-g-Karton mit Stanzung, 4 Bogen Geschenkpapier + 4 S. Einleitung. ●●●

Basteln und dekorieren für
Advent und Weihnachten
(**4446**-1) Von G. Teusen, C. Netolitzky, 176 S., 285 Farbfotos, mit Bastelvorlagebogen, Pappband. ●●●

Basteln für Weihnachten
(**5162**-X) Von Chr. Adjano, 32 S., 44 Farbfotos, mit Vorlagebogen in Originalgröße, kartoniert. ●

Fensterdekorationen für die Weihnachtszeit
(**5181**-6) Von Y. Thalheim, H. Nadolny, 32 S., 33 Farbfotos, mit Vorlagebogen in Originalgröße, kartoniert. ●

Fensterbilder für Advent und Weihnachten
(**5211**-1) Von M. Schorege, 32 S., 24 Farbfotos, 15 Zeichnungen, mit Vorlagebogen in Originalgröße, kartoniert. ●

Adventskränze und weihnachtliche Gestecke
(**5203**-0) Von Y. Thalheim, H. Nadolny, 32 S., 43 Farbfotos, mit Vorlagebogen in Originalgröße, kartoniert. ●

Adventskalender
(**5178**-6) Von Y. Thalheim, H. Nadolny, 32 S., 35 Farbfotos, mit Vorlagebogen in Originalgröße, kartoniert. ●

Weihnachtsbasteleien
Advents- und Weihnachtsschmuck für groß und klein
(**0667**-5) Von M. Kühnle und S. Beck, 32 S., 56 Farbfotos, 6 Zeichnungen, Pappband. ●

Trockenblumenideen
Gewürzsträuße, Gestecke, Kränze, Buketts
(**0643**-8) Von R. Strobel-Schulze, 80 S., 170 Farbfotos, kartoniert. ●●

Neue zauberhafte Trockenblumen-Ideen
(**0821**-X) Von R. Strobel-Schulze, 80 S., 163 Farbfotos, kart. ●●

Phantasievolles Schminken
Verzauberte Gesichter für Maskeraden, Laienspiele und Kinderfeste
(**0907**-0) Hrsg.: H. u. Y. Nadolny, 64 S., 227 Farbfotos, kartoniert. ●●

Schminken für Kinder
(**5177**-8) Von Y. Thalheim, H. Nadolny, 32 S., 68 Farbfotos, mit Vorlagebogen in Originalgröße, kartoniert. ●

Moderne Fotopraxis
(**4401**-1) Von G. Koshofer, Prof. H. Wedewardt, 224 S., 363 Farbfotos, 106 s/w-Fotos, 5 Farb- und 24 s/w-Zeichnungen, Pappband. ●●●

Mach dir ein Bild
Praxistips für Foto, Film und Video
(**4410**-0) Von G. Staab, 208 S., 202 Farbfotos, 175 s/w-Fotos, 1 Zeichnung, Pappband. ●●●

So macht man bessere Fotos
(**1158**-X) Von G. Koshofer, 144 S., 259 Farbfotos, 25 s/w-Fotos, kartoniert. ●●

Aktfotografie
Interpretationen zu einem unerschöpflichen Thema. Gestaltung · Technik · Spezialeffekte.
(**0737**-X) Von H. Wedewardt, 88 S., 144 Farb- und 6 s/w-Fotos, 6 Zeichnungen, kart. ●●

Videografieren
Filmen mit Video 8. Technik – Bildgestaltung – Schnitt – Vertonung.
(**0843**-0) Von M. Wild, K. Möller, 120 S., 101 Farbfotos, 22 s/w-Fotos, 52 Zeichnungen, kart. ●●●

Videografieren perfekt
Profitricks für Aufnahmetechnik und Nachbearbeitung
(**0969**-0) Von W. Schild, 120 S., 144 Farbabb., 5 s/w-Zeichnungen, kart. ●●●

Do it yourself und Technik

Do it yourself
Kleinmöbel aus Holz
(**0905**-4) Von O. Maier, 128 S., 210 Farbfotos, 80 Zeichnungen, kart. ●●

Do it yourself
Sanitärinstallationen
(**1118**-0) Von W. Kawlath, 96 S., 214 Farbabbildungen, kartoniert. ●●

Do it yourself
Metall bearbeiten
(**1119**-9) Von O. Maier, 96 S., 230 Farbfotos, 6 s/w-Zeichnungen, kartoniert. ●●

Do it yourself
Elektroarbeiten
(**0975**-5) Von K. H. Schubert, 120 S., 193 Farbfotos, 40 Zeichnungen, kartoniert. ●●

Do it yourself
Fahrrad-Reparaturen
(**0796**-5) Von R. van der Plas, 112 S., 140 Farbfotos, 113 farbige Zeichnungen, kartoniert. ●●

Möbel
aufarbeiten, reparieren, pflegen
(**0386**-2) Von E. Schnaus-Lorey, 96 S., 28 Fotos, 101 Zeichnungen, kartoniert. ●

Restaurieren von Möbeln
Stilkunde, Materialien, Techniken, Arbeitsanleitungen in Bildfolgen.
(**4120**-9) Von E. Schnaus-Lorey, 152 S., 37 Farbfotos, 75 s/w-Fotos, 352 Zeichnungen, Pappband. ●●●●

FALKEN-Heimwerker-Praxis
Mofa- und Moped-Reparaturen
(**1008**-7) Von T. Kohlmey, 128 S., 280 Farbabbildg. und Zeichnungen, kartoniert. ●●

Elektronik als Hobby
Von der Grundlagenschaltung zum integrierten Schaltkreis
Mit 8 wichtigen Universalplatinen
(**4293**-0) Von W. Priesterath, 264 S., 80 s/w-Fotos, 128 Zeichnungen, Pappband. ●●●

Anlagenbau in Modultechnik
für Modelleisenbahnen und Dioramen.
(**0845**-7) Von J. Thal, 104 S., 68 Farbfotos, 28 Zeichnungen, kartoniert. ●●●

Kleine Welt auf Rädern
Das faszinierende Spiel mit **Modelleisenbahnen** (**4175**-6) Von F. Eisen, 256 S., 72 Farb- und 180 s/w-Fotos, 25 Zeichnungen, Pappband. ●●●

Die Super-Sportwagen der Welt
(**4423**-2) Von H. G. Isenberg, 194 S., 184 Farbfotos, 4 farbige Ausklapptafeln, 32 s/w-Fotos, Pappband. ●●●●

Die Super-Oldtimer der Welt
(**4465**-8) Von H. G. Isenberg, 194 S., 161 Farb- und 36 s/w-Fotos, 4 Ausklapptafeln, Pappband. ●●●●

Die Super-Trucks der Welt
(**4257**-4) Von H. G. Isenberg, 194 S., 205 Farbfotos, 87 s/w-Fotos, 7 Farbzeichnungen, 4 farb. Ausklapptafeln, Pappband. ●●●●

Die Super-Motorräder der Welt
(**4193**-4) Von H. G. Isenberg, 192 S., 170 Farb- und 100 s/w-Fotos, 8 Zeichnungen, Pappband. ●●●●

Die Super-Eisenbahnen der Welt
(**4287**-6) Von W. Kosak, H. G. Isenberg, 224 S., 269 Farbfotos, 79 s/w-Fotos, 8 Vignetten, 5 farb. Ausklapptafeln, Pappband. ●●●●

Die Super-Dampfloks der Welt
(**4480**-1) Von H. Faust, H. G. Isenberg, 194 S., 193 Farbfotos, mit vier Ausklapptafeln, Pappband. ●●●●

Plastikmodellbau
Autos, Schiffe, Flugzeuge in vollendeter Technik.
(**1116**-4) Von W. Kawlath, 96 S., 272 Farbabbildungen, kartoniert. ●●

Sport und Fitneß

Neue Lehrmethoden der Judo-Praxis
(**0424**-9) Von P. Herrmann, 223 S., 475 Abb., kartoniert. ●●

Fit mit Judo
(**2319**-7) Von K. Fuchs, 112 S., 193 Farbfotos, kartoniert. ●●

Fußwürfe
für Judo, Karate und Selbstverteidigung.
(**0439**-7) Von H. Nishioka, übers. von H. J. Heese, 96 S., 260 Abb., kart. ●●

Modernes Karate
Das große Standardwerk mit 2279 Abbildungen.
(**4280**-9) Von T. Okazaki, Dr. med. M.V. Stricevic, übers. von M. Pabst, 376 S., 2279 s/w-Abb., Pappband. ●●●●●

Nakayamas Karate perfekt 1
Einführung.
(**0487**-7) Von M. Nakayama, 136 S., 605 s/w-Fotos, kart. ●●

Nakayamas Karate perfekt 2
Grundtechniken.
(**0512**-1) Von M. Nakayama, 136 S., 354 s/w-Fotos, 53 Zeichnungen, kart. ●●

Nakayamas Karate perfekt 3
Kumite 1: Kampfübungen.
(**0538**-5) Von M. Nakayama, 128 S., 424 s/w-Fotos, kart. ●●

Nakayamas Karate perfekt 4
Kumite 2: Kampfübungen.
(**0547**-4) Von M. Nakayama, 128 S., 394 s/w-Fotos, kart. ●●

Nakayamas Karate perfekt 5
Kata 1: Heian, Tekki.
(**0571**-7) Von M. Nakayama, 144 S., 1229 s/w-Fotos, kart. ●●

Nakayamas Karate perfekt 6
Kata 2: Bassai-Dai, Kanku-Dai.
(**0600**-4) Von M. Nakayama, 144 S., 1300 s/w-Fotos, 107 Zeichnungen, kart. ●●

Nakayamas Karate perfekt 7
Kata 3: Jitte, Hangetsu, Empi.
(**0618**-7) Von M. Nakayama, 144 S., 1988 s/w-Fotos, 105 Zeichnungen, kart. ●●

Nakayamas Karate perfekt 8
Gankaku, Jion. (**0650**-0) Von M. Nakayama, 144 S., 1174 s/w-Fotos, 99 Zeichnungen, kart. ●●

Fit mit Karate
(**2308**-1) Von A. Pflüger, 96 S., 134 Farbfotos, 4 s/w-Zeichnungen, kart. ●●

25 Shotokan-Katas
Auf einen Blick: Karate-Katas für Prüfungen und Wettkämpfe.
(**0859**-7) Von A. Pflüger, 88 S., 185 s/w-Abb., 24 ganzseitige Tafeln mit über 1.600 Einzelschritten, kart. ●●

Bo-Karate
Habo-Jitsu – die Techniken des Stockkampfes.
(**0447**-8) Von G. Stiebler, 176 S., 424 s/w-Fotos, 38 Zeichnungen, kart. ●●

Karate 1
Einführung · Grundtechniken.
(**0227**-0) Von A. Pflüger, 144 S., 195 s/w-Fotos, 120 Zeichnungen, kart. ●

Karate 2
Kombinationstechniken · Katas.
(**0239**-4) Von A. Pflüger, 176 S., 452 s/w-Fotos und Zeichnungen, kart. ●

Karate Kata 1
Heian 1–5, Tekki 1, Bassai Dai.
(**0683**-7) Von W.-D. Wichmann, 164 S., 703 s/w-Fotos, kart. ●●

Karate Kata 2
Jion, Empi, Kanku-Dai, Hangetsu.
(**0723**-X) Von W.-D. Wichmann, 140 S., 661 s/w-Fotos, 4 Zeichnungen, kart. ●●

Karate Kata 3
Bassai Sho, Kanku Sho, Nijushiho, Sochin
(**1120**-2) Von W.-D. Wichmann, 144 S., 598 s/w-Fotos, 4 Grafiken, kart. ●●

Der König des Kung Fu
Bruce Lee
Sein Leben und Kampf
Von seiner Frau Linda
(**0392**-7) Von Linda Lee, 136 S., 104 s/w-Fotos, kartoniert. ●●

Bruce Lees Kampfstil 1
Grundtechniken.
(**0473**-7) Von B. Lee, M. Uyehara, 109 S., 220 Abb., kart. ●

Bruce Lees Kampfstil 2
Selbstverteidigungs-Techniken.
(**0486**-9) Von B. Lee, M. Uyehara, 128 S., 310 Abb., kart. ●

Bruce Lees Kampfstil 3
Trainingslehre.
(**0503**-2) Von B. Lee, M. Uyehara, 112 S., 246 Abb., kart. ●

Bruce Lees Kampfstil 4
Kampftechniken.
(**0523**-7) Von B. Lee, M. Uyehara, 104 S., 211 Abb., kart. ●

Kung-Fu 1
Legende · Philosophie · Grundtechniken
(**0891**-0) Von Chr. Yim, 152 S., 401 s/w-Fotos, 2 s/w-Zeichnungen, kart. ●●

Kung-Fu und Tai-Chi
Grundlagen und Bewegungsabläufe
(**0367**-6) Von B. Tegner, 182 S., 370 s/w-Fotos, kart. ●●

Kung Fu
Theorie und Praxis klassischer und moderner Stile
(**0376**-5) Von M. Pabst, 160 S., 330 Abbildungen, kartoniert. ●●

Bruce Lees Jeet Kune Do
(**0440**-0) Von B. Lee, 192 S., mit 105 eigenhändigen Zeichnungen von B. Lee, kart. ●●

Shaolin-Kempo – Kung-Fu
Chinesisches Karate im Drachenstil.
(**0395**-1) Von R. Czerni, K. Konrad, 246 S., 723 Abb., kart. ●●

Kickboxen
Fitneßtraining und Wettkampfsport.
(**0795**-7) Von G. Lemmens, 96 S., 208 s/w-Fotos, 23 Zeichnungen, kart. ●●

Ninja 1
Die Lehre der Schattenkämpfer.
(**0758**-2) Von S. K. Hayes, übers. von J. Schmit, 144 S., 137 s/w-Fotos, kart. ●●

Ninja 2
Die Wege zum Shoshin.
(**0763**-9) Von S. K. Hayes, übers. von J. Schmit, 160 S., 309 s/w-Fotos, 2 Zeichnungen, kart. ●●

Ninja 3
Der Pfad des Togakure-Kämpfers.
(**0764**-7) Von S. K. Hayes, übers. von J. Schmit, 144 S., 197 s/w-Fotos, 2 Zeichnungen, kart. ●●

Ninja 4
Das Vermächtnis der Schattenkämpfer.
(**0807**-4) Von S. K. Hayes, übers. von J. Schmit, 196 S., 466 s/w-Fotos, kart. ●●

Taekwondo perfekt 1
Die Formenschule bis zum Blaugurt.
(**0890**-2) Von K. Gil, Kim Chul-Hwan, 176 S., 439 s/w-Fotos, 107 Zeichnungen, kart. ●●

Taekwondo perfekt 2
Die Formenschule vom Blau- bis zum Schwarzgurt
(**0976**-3) Von K. Gil, K. Chul-Hwan, 192 S., 461 s/w-Fotos, 112 Zeichnungen, kart. ●●

Taekwondo perfekt 3
(**1068**-0) Von K. Gil, K. Chul-Hwan, 200 S., 429 s/w-Fotos, kartoniert. ●●

Taekwondo
Koreanischer Kampfsport
(**0347**-1) Von K. Gil, 152 S., 408 Abbildungen, kartoniert. ●●

Ju-Jutsu als Wettkampf
(**0826**-0) Von G. Kulot, 168 S., 418 s/w-Fotos, 2 Zeichnungen, kart. ●●

Ju-Jutsu 1
Grundtechniken · Moderne Selbstverteidigung.
(**0276**-9) Von W. Heim, F. J. Gresch, 164 S., 450 s/w-Fotos, 8 Zeichn., kart. ●

Ju-Jutsu 2
für Fortgeschrittene und Meister.
(**0378**-1) Von W. Heim, F. J. Gresch, 160 S., 798 s/w-Fotos, kart. ●●

Ju-Jutsu 3
Spezial-, Gegen- und Weiterführungs-Techniken · Stockkampfkunst.
(**0485**-0) Von W. Heim, F. J. Gresch, 200 S., über 600 s/w-Fotos, kart. ●●

Aikido
Lehren und Techniken des harmonischen Weges.
(**0537**-7) Von R. Brand, 280 S., 697 Abb., kart. ●●

Hap Ki Do
Koreanische Selbstverteidigung nach dem Lehrsystem des Großmeisters.
(**0379**-X) Von Kim Sou Bong, 112 S., 152 Abb., kart. ●●

Dynamische Tritte
Grundlagen für den Zweikampf. (**0438**-9) Von C. Lee, 96 S., 398 s/w-Fotos, 10 Zeichnungen, kart. ●●

Selbstverteidigung
Abwehrtechniken für Sie und Ihn.
(**0853**-8) Von E. Deser, 96 S., 259 s/w-Fotos, kart. ●

Die Faszination athletischer Körper
Bodybuilding
mit Weltmeister Ralf Möller.
(**4281**-7) Von R. Möller, 128 S., 169 Farbfotos, 14 s/w-Fotos, 1 Farbzeichnung, Pappband. ●●●●

Ladyfitneß
Das neue Körperbewußtsein der Frau
Bodyshaping · Körperpflege · Ernährung · Entspannung
(**4433**-X) Von Prof. Dr. S. Starischka, B. Grabis, D. von Cramm, G. W. Kienitz, 128 S., 227 Farbfotos, Pappband. ●●●

Bodybuilding für Frauen
Wege zu Ihrer Idealfigur
(**0661**-6) Von H. Schulz, 112 S., 84 s/w-Fotos, 4 Zeichnungen, kart. ●

Fit mit Bodybuilding
(**2314**-6) Von L. Spitz, 112 S., 203 Farbabbildungen, 10 Tabellen. ●●

Bodybuilding
Anleitung zum Muskel- und Konditionstraining für sie und ihn
(**0604**-7) Von R. Smolana, 160 S., 171 s/w-Fotos, kartoniert. ●●

Leistungsfähiger durch Krafttraining
Eine Anleitung für Fitness-Sportler, Trainer und Athleten.
(**0617**-9) Von W. Kieser, 96 S., 20 s/w-Fotos, 62 Zeichnungen, kart. ●

Hanteltraining zu Hause
(**0800**-7) Von W. Kieser, 80 S., 71 s/w-Fotos, 4 Zeichnungen, kartoniert. ●

Fit und gesund
Fitneßtraining und Bodybuilding zu Hause. Trainingsprogramme für Ihr Wohlbefinden.
(**0782**-5) Von Prof. Dr. S. Starischka, 80 S., 100 Farbfotos, 3 Zeichnungen, kart. ●●

Optimale Ernährung
für Krafttraining und Bodybuilding.
(**0912**-7) Von B. Dahmen, 88 S., 8 Farbtafeln, 8 Zeichnungen, kart. ●

Fit mit Bio-Training
für Kraft, Ausdauer und Schnelligkeit.
(**2310**-3) Von L. Spitz, 112 S., 197 Farbfotos, 11 Farb- und 4 s/w-Zeichnungen, kart. ●●

Gesund und fit durch **Konditionstraining und Wirbelsäulengymnastik**
(**0844**-9) Von R. Milser und K. Grafe, 104 S., 99 Farbfotos, 12 Farbzeichnungen, 5 s/w-Zeichnungen, kart. ●●

Fit mit Tai Chi
als sanfte Körpererfahrung
(**2305**-7) Von B. u. K. Moegling, 112 S., 121 Farbfotos, 6 Farb-u. 4 s/w-Zeichnungen, kart. ●●

Isometrisches Training
Übungen für Muskelkraft und Entspannung.
(**0529**-6) Von L. M. Kirsch, 104 S., 150 s/w-Fotos, kart. ●●

Stretching
Mit Dehnungsgymnastik zu Entspannung, Geschmeidigkeit und Wohlbefinden.
(**0717**-5) Von H. Schulz, 80 S., 90 s/w-Fotos, kart. ●

Fit mit Stretching
(**2304**-9) Von B. Kurz, 96 S., 255 Farbfotos, kart. ●●

Gesund und fit durch Gymnastik
(**0366**-8) Von H. Pilss-Samek, 88 S., 130 Abb., kart. ●

Fit und frisch
Gymnastik für die ganze Familie
(**6501**-9) Von G. Sieber, 104 S., 306 Farbfotos, 5 Farbzeichnungen, kart., mit Audiokassette, Laufzeit 30 Min. ●●●

Fit mit Laufen
(**2315**-4) Von W. Sonntag, 96 S., 60 Farbfotos, 8 Farbzeichnungen, kart. ●●

Spaß am Laufen
Jogging für die Gesundheit
(**0470**-2) Von W. Sonntag, 140 S., 41 s/w-Fotos, 1 Zeichnung, kartoniert. ●

ZDF Sportjahrbuch 90
Rekorde · Siege · Schicksale · Ergebnisse
Die Höhepunkte der Fußball-WM
(**4481**-X) Hrsg. von Bernd Heller, 208 S., 245 Farbfotos und Tabellen, kart. ●●●

Skateboard
Material · Technik · Fahrpraxis
(**1104**-0) Von F. Böhm, M. Rieger, 96 S., 321 Farbabbildungen, kartoniert. ●●●

Fit mit Sportschießen
(**2312**-X) Von H. Gabelmann, 96 S., 44 Farbabbildungen, 3 s/w-Fotos, 19 s/w-Zeichnungen, kart. ●●

Fechten
Florett · Degen · Säbel.
(**0449**-4) Von E. Beck, 88 S., 185 Fotos, 10 Zeichnungen, kart. ●●

Fit mit Sportabzeichen
(**2307**-3) Von G. Hennige, 104 S., 107 Farbfotos, kart. ●●

Volleyball
Technik · Taktik · Regeln.
(**0351**-X) Von H. Huhle. 104 S., 330 Abb., kart. ●

Fit mit Volleyball
(**2302**-2) Von Dr. A. Scherer, 104 S., 27 Farb- und 1 s/w-Foto, 12 Farb- und 29 s/w-Zeichnungen, kart. ●●

Fit mit Fußball
(**2309**-X) Von H. Obermann, P. Walz, 112 S., 47 Farbfotos, 18 Farb- und 25 s/w-Zeichnungen, kart. ●●

Sepp Maier
Super-Torwart-Training
(**4451**-8) Von S. Maier, 168 S., 30 Farb- und 34 s/w-Fotos, 236 zweifarbige Zeichnungen, Pappband. ●●●

Fußball-Jahrbuch 90
Mit großem Sonderteil Fußball-WM
(**4489**-5) Hrsg. von H. Faßbender, 208 S., 310 Farbfotos und Tabellen, kart. ●●●

SportRegeln Fußball
Die offiziellen Regeln
Wissenswertes von A bis Z
(**1096**-6) 104 S., 36 s/w-Fotos, 27 Zeichnungen, kart. ●

Handball
Technik · Taktik · Regeln.
(**0426**-5) Von F. und P. Hattig, 128 S., 91 s/w-Fotos, 121 Zeichnungen, kart. ●●

Handball
Grundlagen für Training und Spiel
(**2321**-9) Von H.-P. Oppermann, 120 S., 39 Farbtafeln, 12 s/w-Fotos, 108 Farbzeichnungen, kartoniert. ●●

SportRegeln Handball
Die offiziellen Regeln
Wissenswertes von A bis Z
(**1099**-6) 88 S., 32 s/w-Fotos, 14 Zeichnungen, kart. ●

Tennis
Technik · Taktik · Regeln.
(**0375**-7) Von W. u. S. Taferner, 112 S., 81 Abb., kart. ●

SportRegeln Tennis
Die offiziellen Regeln
Wissenswertes von A bis Z
(**1097**-4) 88 S., 24 s/w-Fotos, 6 Zeichnungen, kart. ●

Tischtennis-Technik
Der individuelle Weg zu erfolgreichem Spiel.
(**0775**-2) Von M. Perger, 144 S., 296 Abb., kart. ●●

Badminton
Technik · Taktik · Training.
(**0699**-3) Von K. Fuchs, L. Sologub, 168 S., 51 Abb., kart. ●●

Fit mit Squash
(**2311**-1) Von P. Langhammer, R. Michna, 96 S., 86 Farbfotos, 13 Farbzeichn., kart. ●●

Squash
Ausrüstung · Technik · Regeln
(**0539**-3) Von D. von Horn, H.-D. Stünitz, 96 S., 55 s/w-Fotos, 25 Zeichnungen, kart. ●

SportRegeln Squash
Die offiziellen Regeln
Wissenswertes von A bis Z
(**1100**-8) 64 S., 11 s/w-Fotos, 23 Zeichnungen, kart. ●

Golf
Ausrüstung und Technik.
(**0343**-9) Von J. C. Jessop, übersetzt von H. Biemer, mit einem Vorwort von H. Krings, Präsident des Deutschen Golf-Verbandes, 96 S., 57 Abb., Anhang Golfregeln des DGV, kart. ●●

Eishockey
Lauf- und Stocktechnik, Körperspiel, Taktik, Ausrüstung und Regeln. (**0414**-1) Von J. Capla, 264 S., 548 s/w-Fotos, 163 Zeichnungen, kart. ●●

Pool-Billard
(**0484**-2) Herausgegeben vom Deutschen Pool-Billard-Bund. Von M. Bach, K.-W. Kühn, 104 S., 64 Abb., kart. ●

Tanzstunde
Das Welttanzprogramm leicht gelernt
(**4409**-2) Von G. Hädrich, 164 S., 489 s/w-Fotos, 63 Zeichnungen, Pappband. ●●●

Tanzen
(**2303**-0) Von K. Richter, H. Kleinow, 96 S., 102 Farbfotos, kart. ●●

Wir lernen Tanzen
(**0200**-9) Von E. Fern, 152 S., 119 s/w-Fotos, 47 Zeichnungen, kartoniert. ●●

Dancing
Moderne Discotänze: mit Mambo und Salsa
(**0977**-1) Von B. und F. Weber, 96 S., 207 s/w-Fotos, kart. ●●

Dirty Dancing
Step by Step leicht gelernt
(**0992**-5) Von D. Glück, G. Teusen, 80 S., 140 Farbfotos, kart. ●●

Anmutig und fit durch
Bauchtanz
(**0911**-9) Von Marta, 120 S., 229 Farbfotos, 6 s/w-Zeichnungen, kart. ●●

Sporttauchen
Theorie und Praxis des Gerätetauchens
(**0647**-0) Von S. Müßig, 144 S., 8 Farbtafeln, 35 s/w-Fotos, 89 Zeichnungen, kart. ●●

Fit mit Sporttauchen
(**2320**-0) Von Dr. F. Naglschmid, 112 S., 71 Farbfotos, 21 Zeichnungen, kart. ●●

Angelfischerei von Aal bis Zander
Fische · Geräte · Technik.
(**0324**-2) Von H. Oppel, 72 S., 16 Farbtafeln, 49 s/w-Abb., kart., ●●

Angeln
Kleine Fibel für den Sportfischer.
(**0198**-3) Von E. Bondick, 80 S., 4 Farbtafeln, 116 Abb., kart. ●

Fit mit
Surfen
(**2317**-3) Von H. Mönster, K.-H. Eden, B. Bohr, 104 S., 110 Farbfotos, 23 s/w-Zeichnungen, kartoniert. ●●

TELESKI
Skigymnastik perfekt
(**1037**-0) Von M. Vorderwülbecke, G. Kern, 120 S., 220 Farbfotos, 16 farbige Grafiken, 19 Farbzeichnungen, kartoniert. ●●

Fibel für Kegelfreunde
Sport- und Freizeitkegeln · Bowling
(**0191**-6) Von G. Bocsai, 72 S., 62 Abb., kart. ●

Fit mit Kegeln
(**2301**-4) Von G. Gromann, 96 S., 51 Farbfotos, 50 Farb- und 4 s/w-Zeichnungen, kart. ●●

111 spannende Kegelspiele
(**2031**-7) Von H. Regulski, 80 S., 53 Zeichnungen, kart. ●

Beliebte und neue
Kegelspiele
(**0271**-8) Von H. Regulski, 92 S., 62 Abbildungen, kartoniert. ●

Schach

Einführung in das Schachspiel
(**0104**-5) Von W. Wollenschläger und K. Colditz, 112 S., 116 Diagramme, kart. ●

Schach, das königliche Spiel
Von den Grundzügen zum strategischen Spiel.
(**1105**-9) Von T. Schuster, 192 S., 302 Diagramme, kart. ●●

Spielend Schach lernen
(**2002**-3) Von T. Schuster, 96 S., kartoniert. ●

Kinder- und Jugendschach
Offizielles Lehrbuch des Deutschen Schachbundes zur Erringung der Bauern-, Turm- und Königsdiplome.
(**0561**-X) Von B. J. Withuis, H. Pfleger, 144 S., 220 Zeichnungen und Diagramme, kart. ●●

Zug um Zug
Schach für jedermann 1
Offizielles Lehrbuch des Deutschen Schachbundes zur Erringung des Bauerndiploms.
(**0648**-9) Von H. Pfleger, E. Kurz, 80 S., 24 s/w-Fotos, 8 Zeichn., 60 Diagramme, kart. ●

Zug um Zug
Schach für jedermann 2
Offizielles Lehrbuch des Deutschen Schachbundes zur Erringung des Turmdiploms.
(**0659**-4) Von H. Pfleger, E. Kurz, 128 S., 7 s/w-Fotos, 13 Zeichnungen, 78 Diagramme, kart. ●

Zug um Zug
Schach für jedermann 3
Offizielles Lehrbuch des Deutschen Schachbundes zur Erringung des Königdiploms.
(**0728**-0) Von H. Pfleger, G. Treppner, 128 S., 4 s/w-Fotos, 84 Diagramme, 10 Zeichnungen, kart. ●●

Schach für Fortgeschrittene
Taktik und Probleme des Schachspiels
(**0219**-X) Von R. Teschner, 88 S., 85 Diagramme, kart. ●

Neue Schacheröffnungen
(**0478**-8) Von T. Schuster, 104 S., 100 Diagramme, kart. ●

Klassische Schacheröffnungen
(**1086**-9) Von T. Schuster, 144 S., zahlr. Diagramme, kart. ●●

Najdorf für Turnierspieler
Theorie und Praxis eines komplexen Eröffnungssystems. (**1121**-0) Von Dr. J. Nunn, 304 S., 202 Diagramme, kart. ●●●

Lehr-, Übungs- und Testbuch der
Schachkombinationen
(**0649**-7) Von K. Colditz, 184 S., 227 Diagramme, kartoniert. ●●

Erfolgreiche Schachlehre
Eröffnungs- und Mittelspielstrategie
(**0991**-7) Von D. Bronstein, 254 S., 201 Diagramme, Pappband. ●

Spaß am Kombinieren
(**1057**-5) Von A. Pötzsch, 192 S., 365 Diagramme, Pappband. ●●

Erfolgreich angreifen
Der Königsflügel im Visier
(**1058**-3) Von J. Neistadt, 192 S., 183 Diagramme, Pappband. ●●

Erfolgreich angreifen
Der Damenflügel und das Zentrum im Visier
(**1123**-7) Von J. Neistadt, 172 S., 163 Diagramme, Pappband. ●●

Sizilianisch siegen
durch die Kunst der Verteidigung
(**0990**-2) Von M. Taimanow, 160 S., 124 Diagramme, Pappband. ●●

Schach dem König
333 Kurzpartien unter 30 Zügen
(**1124**-5) Von A. Roismann, 272 S., 222 Diagramme, Pappband. ●●

Schnelle Schachsiege
Das meisterliche Gambitspiel
(**1038**-9) Von S. Samarian, 28 S., 125 Diagramme, kartoniert. ●●

Offizielles Lehrbuch des Deutschen Schachbundes
Das systematische Schachtraining
Trainingsmethoden, Strategien und Kombinationen.
(**0857**-0) Von Sergiu Samarian, 152 S., 159 Diagramme, 1 Zeichnung, kartoniert. ●●

Taktische Schachendspiele
(**0752**-3) Von J. Nunn, 208 S., 152 Diagramme, kart. ●●

Schachstrategie
Ein Intensivkurs mit Übungen und ausführlichen Lösungen.
(**0584**-9) Von A. Koblenz, dt. Bearb. von K. Colditz, 212 S., 240 Diagramme, kart. ●●

Schachtraining mit den Großmeistern
(**0670**-5) Von H. Bouwmeester, 128 S., 90 Diagramme, kart. ●●

So denkt ein Schachmeister
Strategische und taktische Analysen.
(**0915**-1) Von H. Pfleger, G. Treppner, 120 S., 75 Diagramme, kart. ●●

Schach als Kampf
Meine Spiele und mein Weg.
(**0729**-9) Von G. Kasparow, 144 S., 95 Diagramme, 9 s/w-Fotos, kart. ●●

Kasparows Schacheröffnungen
(**1021**-4) Von O. Borik, 136 S., 16 s/w-Fotos, kartoniert. ●●

Schach-WM 1990
Kasparow-Karpow
(**1122**-9) Von O. Borik, Dr. H. Pfleger, 136 S., zahlreiche Diagramme, kartoniert. ●●

Mensch und Gesundheit

Der moderne Ratgeber
Wir werden Eltern
Schwangerschaft · Geburt · Erziehung des Kleinkindes.
(**4269**-8) Von B. Nees-Delaval, 376 S., 335 2-farbige Abb., Pappband. ●●●●

Wenn Sie ein Kind bekommen
(**4003**-2) Von U. Klamroth, Dr. med. H. Oster, 240 S., 86 s/w-Fotos, 30 Zeichnungen, kartoniert. ●●●

Wenn der Mensch zum Vater wird
Ein heiter-besinnlicher Ratgeber
(**4259**-0) Von D. Zimmer, 160 S., 20 Zeichnungen, Pappband. ●●●

Vorbereitung auf die Geburt und
Schwangerschaftsgymnastik
Atmung, Rückbildungsgymnastik.
(**0251**-3) Von S. Buchholz, 112 S., 98 s/w-Fotos, kartoniert. ●

Die Kunst des Stillens
nach neuesten Erkenntnissen (**0701**-9) Von Prof. Dr. med. E. Schmidt, S. Brunn, 112 S., 20 Fotos und Zeichnungen, kart. ●

Das Babybuch
Pflege · Ernährung · Entwicklung
(**0531**-8) Von A. Burkert, 96 S., 76 zweifbg. Zeichnungen, 22 s/w-Zeichnungen, kart. ●●

Babyfitneß
Massage, Spiele, Gymnastik und Schwimmen für Kinder im 1. Lebensjahr
(**1034**-6) Von G. Zeiß, 112 S., 179 zweifarbige Illustrationen, kartoniert. ●●

Wenn Kinder krank werden
Medizinischer Ratgeber für Eltern
(**4240**-X) Von Dr. med. I. J. Chasnoff, B. Nees-Delaval, 232 S., 163 Zeichnungen, Pappband. ●●●

Keinen Mann um jeden Preis
Das neue Selbstverständnis der Frau in der Partnerbeziehung
(**4440**-2) Von Shere Hite, Kate Colleran, 208 S., Pappband. ●●●

Total verknallt ... und keine Ahnung?
Alles über Liebe, Sex und Zärtlichkeit
(**1024**-9) Von H. Bruckner, R. Rathgeber, 104 S., 38 Abbildungen, kartoniert. ●●

Sinnliche Liebe
Sex und Partnerschaft
(**4436**-4) Von Dr. A. Stanway, 160 S., 60 vierfarbige Illustrationen, Pappband. ●●●●

Streicheleinheiten für Körper und Seele
Partnermassage
(**4444**-5) Von Chr. Unseld-Baumanns, 136 S., 145 Farbfotos, Pappband. ●●●●

Bildatlas des menschlichen Körpers
(**4177**-2) Von G. Pogliani, V. Vannini, 112 S., 402 Farbabb., 28 s/w-Fotos, Pappband. ●●●

Nahrungsmittelallergien
So ernähren Sie sich richtig!
(**0913**-5) Von Priv.-Doz. Dr. med. Dr. med. habil. J. von Mayenburg, Prof. Dr. med. Dr. phil. S. Borelli, E. Polster, 136 S., kart. ●●

Arteriosklerose
Risikofaktoren/Vorbeugung/Therapie
Richtige Ernährung bei erhöhtem Cholesterinspiegel.
(**1020**-6) Von Prof. Dr. med. G. Assmann, Dr. troph. U. Wahrburg, 192 S., 84 farb. Abb., 4 s/w-Zeichnungen, kartoniert. ●●●

Asthma
Pseudokrupp, Bronchitis und Lungenemphysem
Krankheitsbilder · Diagnose · Therapie
(**1126**-1) Von Prof. Dr. med. W. Schmidt, S. Ertelt, 152 Seiten, 110 zweifarbige Zeichnungen, kartoniert. ●●●

Asthma
Pseudokrupp, Bronchitis und Lungenemphysem. (**0778**-7) Von Prof. Dr. med. W. Schmidt, 120 S., 56 Zeichnungen, kart. ●

Gallenleiden
Krankheitsbilder, Behandlung, Therapieverfahren, Selbstbehandlung. Richtige Lebensführung und Ernährung.
(**0673**-X) Von Dr. med. K. Steffens, 104 S., 34 Zeichnungen, kartoniert. ●

Diabetes
Krankheitsbild, Therapie, Kontrollen, Schwangerschaft, Sport, Urlaub, Alltagsprobleme. Neueste Erkenntnisse der Diabetesforschung. (**0895**-3) Von Dr. med. H. J. Krönke, 120 S., 4 Farbtafeln, 14 s/w-Fotos, 13 s/w-Zeichnungen, kartoniert. ●

Krampfadern
Ursachen, Vorbeugung, Selbstbehandlung, Therapieverfahren. (**0727**-2) Von Dr. med. K. Steffens, 112 S., 38 Abb., kartoniert. ●

Das moderne Hausbuch der Naturheilkunde
Neueste Erkenntnisse der Ganzheitsmedizin von Akupressur bis Zelltherapie.
(**4403**-8) Von G. Leibold, 448 S., 263 Farbzeichn., 15 s/w-Fotos, Pappband. ●●●●●

Naturkosmetik
Die Grundlagen gesunder und natürlicher Hautpflege.
(**1080**-X) Von N. E. Haas, 120 S., 63 Farbabb., kartoniert. ●●

Die sanfte Art des Heilens
Homöopathie
Praktische Anwendung und Arzneimittellehre
(**4418**-X) Von J. H. P. Kreuter, 216 S., 49 Zeichnungen, Pappband. ●●●

Aromatherapie
Gesundheit und Entspannung durch ätherische Öle.
(**1131**-8) Von K. Schutt, 96 S., 40 zweifarbige Abbildungen, kartoniert. ●●

Heilatmen
Ein Weg zu Lebenskraft und innerer Harmonie
(**1047**-8) Von K. Schutt, 112 S., 57 zweifarbige Abb., kartoniert. ●●●

Wetterfühligkeit
Vorbeugen und behandeln
Der Einfluß von Wetter und Klima auf Körper und Psyche.
(**0998**-4) Von Dipl.-Met. H. Trenkle, fachl. Beratung Prof. Dr. V. Faust, 120 S., 8 Farbtafeln, 31 zweifarbige Abbildungen und Tabellen, kartoniert. ●●

Bewährte Naturheilverfahren bei
Herz-Kreislauf-Erkrankungen
(**1084**-2) Von Dr. med. O. Wolff, G. Leibold, 104 S., kartoniert. ●

Krebsangst und Krebs behandeln
Mit einem Vorwort von Prof. Dr. med. Friedrich Douwes.
(**0839**-2) Von G. Leibold, 104 S., kartoniert. ●

Bewährte Naturheilverfahren bei
Krebs
(**1082**-6) Hrsg. H.-R. Heiligtag, 88 S., kartoniert. ●

Heilen mit Blütenenergien
nach Dr. Bach
(**1141**-5) Von J. Wenzel, ca. 96 S., kart. ●

Bewährte Naturheilverfahren bei
Migräne und Schlafstörungen
(**1081**-8) Von G. Leibold, Dr. med. H. Chr. Scheiner, 112 S., kartoniert. ●

Gesunder Schlaf
Schlafstörungen ohne Medikamente erfolgreich behandeln.
(**1036**-2) Von D. H. Alke, 88 S., 22 s/w-Abb., mit Audiokassette, kartoniert. ●●●

Natürliche Behandlungsmethoden bei
Rückenschmerzen
Massage · Gymnastik · Entspannung
(**4447**-X) Von Prof. Dr. med. H. Hess, K. Eder, H.-J. Montag, K. Schutt, 152 S., 168 Farbabbildungen, Pappband. ●●●

Bewährte Naturheilverfahren bei
Rückenschmerzen
mit Spezialthema Alta-Major-Methode
(**1140**-7) Von G. Leibold, ca. 96 S., kart. ●

Rheuma behandeln und lindern
Mit einem Vorwort von Dr. med. Max-Otto Bruker.
(**0836**-8) Von G. Leibold, 96 S., kartoniert. ●

Besser sehen durch Augentraining
Ein Gesundheitsprogramm zur Verbesserung des Sehvermögens.
(**0914**-3) Von K. Schutt, B. Rumpler, 96 S., 32 s/w-Zeichnungen, kartoniert. ●

Allergien behandeln und lindern
Mit einem Vorwort von Prof. Dr. med. Axel Stemmann.
(**0840**-6) Von G. Leibold, 96 S., 4 Zeichnungen, kartoniert. ●

Enzyme
Vitalstoffe für die Gesundheit
(**0677**-2) Von G. Leibold, 96 S., kartoniert. ●

Kneippkuren zu Hause
(**0779**-5) Von G. Leibold, 112 S., 25 Zeichnungen, kartoniert. ●

Besser leben durch Fasten
(**0841**-4) Von G. Leibold, 96 S., kartoniert. ●

Die echte Schroth-Kur
(**0797**-3) Von Dr. med. R. Schroth, 88 S., 2 s/w-Fotos, kartoniert. ●

Massagetechniken und Heilanzeigen
Reflexzonentherapie
(**4404**-6) Von G. Leibold, 128 S., 53 Farbzeichnungen, Pappband. ●●●

Akupressur zur Eigenbehandlung
(**0417**-6) Von G. Leibold, 112 S., 78 Abb., kartoniert. ●

Chinesische Punktmassage
Akupressur
(**4419**-1) Von F.T. Lie, 192 S., 332 zweifarbige Abb., Pappband. ●●●●

Shiatsu-Massage
Harmonisierung der Energieströme im Körper
(**0615**-2) Von G. Leibold, 196 S., 180 Abb., kartoniert. ●●●

Fußsohlenmassage
Heilanzeigen · Technik · Selbsthilfe
(**0714**-0) Von G. Leibold, 96 S., 38 Zeichnungen, kartoniert. ●

Entspannung und Schmerzlinderung durch
Massage
(**0750**-7) Von B. Rumpler, K. Schutt, 112 S., 116 zweifarbige Zeichnungen, kart. ●

Entspannung
(**0834**-1) Von Dr. med. Chr. Schenk, 88 S., 29 Zeichnungen, kart. ●

Erfolg und Lebensfreude durch
Autogenes Training und Psychokybernetik
(**1035**-4) Von D. H. Alke, 80 S., 2 s/w-Zeichnungen, mit Audiokassette, kartoniert. ●●●

Hypnose und Autosuggestion
Methoden · Heilwirkungen · praktische Beispiele. (**0483**-4) Von G. Leibold, 120 S., 9 Illustrationen, kart. ●

Chinesisches Schattenboxen
Tai-Ji-Quan
für geistige und körperliche Harmonie
(**0850**-3) Von F.T. Lie, 120 S., 221 s/w-Fotos, 9 s/w-Zeichnungen, Beilage: 1 s/w-Poster mit zahlreichen Abbildungen, kart. ●●

Yoga
Weg zur Harmonie
(**4417**-8) Von A. Harf, W. von Rohr, 176 S., 171 Farbfotos, 12 s/w-Zeichnungen, Pappband. ●●●●

Yoga gegen Haltungsschäden und Rückenschmerzen
(**0394**-3) Von A. Raab, 104 S., 215 Abb., kartoniert. ●

Neue Rezepte für **Diabetiker-Diät**
Vollwertig · abwechslungsreich · kalorienarm.
(**0418**-4) Von M. Oehlrich, 96 S., 8 Farbtafeln, kartoniert. ●

Diät bei Herzkrankheiten und Bluthochdruck
Rezeptteil von B. Zöllner.
(**3202**-1) Von Prof. Dr. med. H. Rottka, 92 S., 4 Farbtafeln, kartoniert. ●●

Diät bei Erkrankungen der Nieren, Harnwege und bei Dialysebehandlung
Rezeptteil von B. Zöllner.
(**3203**-X) Von Prof. Dr. med. Dr. h. c. H. J. Sarre und Prof. Dr. med. R. Kluthe, 96 S., 33 Farbfotos, 1 s/w-Zeichnung, kartoniert. ●●

Richtige Ernährung wenn man älter wird
Rezeptteil von B. Zöllner.
(**3204**-8) Von Prof. Dr. med. H.-J. Pusch, 96 S., 36 Farbfotos und 3 s/w-Zeichnungen, kartoniert. ●●

Diät bei Darmkrankheiten
Durchfall · Divertikulose, Reizdarm und Darmträgheit · einheimische Sprue (Zöllakie) · Disaccharidasemangel · Dünndarmresektion · Dumping Syndrom, Rezeptteil von B. Zöllner. (**3211**-0) Von Prof. Dr. med. G. Strohmeyer, 88 S., 4 Farbtafeln, kartoniert. ●●

Diät bei Gicht und Harnsäuresteinen
Rezeptteil von B. Zöllner.
(**3205**-6) Von Prof. Dr. med. N. Zöllner, 112 S., 35 Farbtafeln, kartoniert. ●●

Diät bei Zuckerkrankheit
Rezeptteil von B. Zöllner. (**3206**-4) Von Prof. Dr. med. P. Dieterle, 112 S., 42 Farbfotos, 4 vierfarbige Vignetten, 1 s/w-Zeichnung, kartoniert. ●●

Diät bei Störungen des Fettstoffwechsels und zur Vorbeugung der Arteriosklerose
Rezeptteil von B. Zöllner.
(**3208**-0) Von Prof. Dr. med. G. Wolfram, 104 S., 32 Farbfotos, kartoniert. ●●

Ballaststoffreiche Kost bei Funktionsstörungen des Darms
Rezeptteil von B. Zöllner.
(**3212**-9) Von Prof. Dr. med. H. Kasper, 96 S., 34 Farbfotos, 1 s/w-Foto, kart. ●●

Diät bei Krankheiten des Magens und Zwölffingerdarms
Rezeptteil von B. Zöllner.
(**3201**-3) Von Prof. Dr. med. H. Kaess, 96 S., 35 Farbfotos, 1 s/w-Zeichnung, kartoniert. ●●

Diät bei Krankheiten der Gallenblase, Leber und Bauchspeicheldrüse
Rezeptteil von B. Zöllner.
(**3207**-2) Von Prof. Dr. med. H. Kasper, 88 S., 35 Farbfotos, 1 s/w-Zeichnung, kart. ●●

Diät bei Übergewicht
Rezeptteil von B. Zöllner.
(**3209**-9) Von Prof. Dr. med. Ch. Keller, 104 S., 42 Farbfotos, 3 s/w-Zeichnungen, kart. ●●

Garten und Tiere

Garten heute
Der moderne Ratgeber · Über 1000 Farbbilder. (**4283**-3) Von H. Jantra, 384 S., über 1000 Farbabb., Pappband. ●●●●

Helmut Jantras Gartenbuch
Obst · Gemüse · Blumen
(**4522**-0) Von H. Jantra, 200 S., 395 Farbfotos, 123 Farbzeichnungen, 25 Tabellen, Pappband. ●●

1000 ganz bewährte Garten-Tips
(**4453**-4) Von H. Jantra, 320 S., 288 zweifarbige und 62 s/w-Zeichnungen, Pappband. ●●●

Obst, Gemüse, Blumen, Gras
Gärtnern macht den Kindern Spaß
(**4517**-4) Von U. Krüger, 96 S., 85 Farbfotos, 180 Farbzeichnungen, Pappband. ●●

Rosen
Auswahl · Pflege · Gestaltung
(**1183**-0) Von H. Jantra, 120 S., 200 Farbfotos, 20 Farbzeichnungen, 8 Bepflanzungspläne, kartoniert. ●●

Erfolgstips für den Obstgarten
Gesunde Früchte durch richtige Sortenwahl und Pflege.
(**0827**-9) Von F. Mühl, 184 S., 16 Farbtafeln, 33 Zeichnungen, kartoniert. ●●

Erfolgstips für den Gemüsegarten
Mit naturgemäßem Anbau zu höherem Ertrag. (**0674**-8) Von F. Mühl, 80 S., 30 s/w-Fotos, 4 Zeichnungen, kartoniert. ●

Mischkultur im Nutzgarten
Mit Jahreskalender und Anbauplänen.
(**0651**-9) Von H. Oppel, 112 S., 8 Farbtafeln, 23 s/w-Fotos, 29 Zeichnungen, kart. ●

Obstgehölze sachgemäß schneiden
(**1127**-X) Von P. G. Wilhelm, ca. 128 S., ca. 50 zweifarbige und 200 s/w-Zeichnungen, kartoniert. ●●

Erfolgstips für den Ziergarten
Schmuckpflanzen und Rasen richtig pflegen.
(**0930**-5) Von F. Mühl, 156 S., 12 Farbtafeln, 26 s/w-Zeichnungen, kartoniert. ●●

Erfolgreich gärtnern mit
Frühbeet und Folie
(**0828**-7) Von Dr. Gustav Schoser, 88 S., 8 Farbtafeln, 46 s/w-Fotos, kartoniert. ●

Gesunde Zierpflanzen im Garten
Krankheiten erkennen und behandeln.
Mit neuem Diagnose-System.
(**4429**-1) Von Prof. Dr. G. Stelzer, 208 S., 456 Farbfotos, 5 s/w- und 5 Farbzeichnungen, Pappband. ●●●●

Erfolgreich gärtnern
durch naturgemäßen Anbau
(**4252**-3) Von I. Gabriel, 416 S., 176 Farbfotos, 212 Farbzeichnungen, Pappband. ●●●

Aktion Garten ohne Gift
Gesunde Umwelt durch natürlichen Pflanzenschutz.
Ein Praxis-Handbuch von E. Hoplitschek u. B.M. Tegethoff. (**4425**-9) 176 S., 250 Farbfotos, 35 Farb- und 29 s/w-Zeichn., Pappband. ●●●●

Neuanlage eines Biogartens
Planung, Bodenvorbereitung, Gestaltung
(**0721**-3) Von I. Gabriel, 128 S., 73 Farbfotos, 39 Zeichnungen, kartoniert. ●●

Gesunde Pflanzen im Biogarten
Biologische Maßnahmen bei Schädlingsbefall und Pflanzenkrankheiten.
(**0707**-8) Von I. Gabriel, 128 S., 126 Farbfotos, kartoniert. ●●

Obst und Beeren im Biogarten
Gesunde und schmackhafte Früchte durch natürlichen Anbau. (**0780**-9) Von I. Gabriel, 128 S., 109 Farbabb., kartoniert. ●●

Gemüse im Biogarten
Gesunde Ernte durch natürlichen Anbau
(**0830**-9) Von I. Gabriel, 128 S., 26 Farbfotos, 86 Farbzeichnungen, kartoniert. ●●

Kräuter und Heilpflanzen im Biogarten
Gesunde Ernte durch natürlichen Anbau
(**0929**-1) Von I. Gabriel, 112 S., 63 Farbfotos, 19 Farbzeichnungen, kartoniert. ●●

Der biologische Zier- und Wohngarten
Planen, Vorbereiten, Bepflanzen und Pflegen
(**0748**-5) Von I. Gabriel, 128 S., 72 Farbfotos, 46 Farbzeichnungen, kartoniert. ●●

Kosmische Einflüsse auf unsere Gartenpflanzen
Sterne beeinflussen Wachstum und Gesundheit der Pflanzen. (**0708**-6) Von I. Gabriel, 112 S., 100 Farbabb., kartoniert. ●●

Natürlich gärtnern unter Glas und Folie
Anbauen und ernten rund ums Jahr
(**0722**-1) Von I. Gabriel, 128 S., 62 Farbfotos, 45 Farbzeichnungen, kartoniert. ●●

Dekorative Kübelpflanzen
Auswahl und Pflege
(**1074**-5) Von H. Jantra, 112 S., 180 Farbfotos, 35 Farbzeichnungen, kartoniert. ●●

Blütenpracht auf Balkon und Terrasse
(**0928**-3) Von M. Haberer, 88 S., 139 Farbfotos, kartoniert. ●●

Gemüse, Kräuter, Obst aus dem Balkongarten
Erfolgreich ernten auf kleinstem Raum
(**0694**-2) Von S. Stein, 32 S., 34 Farbfotos, 6 Zeichnungen, Spiralbindung, kart. ●

Gestaltungsideen für
Schöne Gärten
(**4482**-8) Von H. Jantra, 168 S., 309 Farbfotos, 3 s/w-Fotos, Pappband. ●●●●●

Kleingärten
Planen · Anlegen · Pflegen
(**1015**-X) Von H. Jantra, 88 S., 123 Farbfotos, 1 s/w-Foto, 14 Farbzeichnungen, kart. ●●

Reihenhausgärten
Planen · Anlegen · Pflegen
(**1016**-8) Von H. Jantra, 104 S., 134 Farbfotos, 45 Farbzeichnungen, kart. ●●

Steingärten Wirkungsvoll gestalten und sachgerecht pflegen
(**4452**-6) Von A. Throll-Keller, 128 S., 203 Farbfotos, 56 Farbzeichnungen, Pappband. ●●●●

Gartenteiche, Tümpel und Weiher
naturnah anlegen und pflegen
(**1073**-7) Von Dr. F. Liedl, H. Goos, 80 S., 87 Farbfotos, 39 Farbzeichnungen, kart. ●●

Wasser im Garten
Von der Vogeltränke zum Naturteich · Natürliche Lebensräume selbst gestalten.
(**4230**-2) Von H. Hendel, P. Keßeler, 240 S., 315 Farbabb., 11 s/w-Fotos, Pappband. ●●●●●

Mein kleiner Gartenteich
planen – anlegen – pflegen
(**0851**-1) Von I. Polascheck, 144 S., 108 Farbabb., 6 s/w-Zeichnungen, kart. ●●

Pflanzen und Tiere für den Gartenteich
(**1171**-7) Von W. Costa, 128 S., 169 Farbfotos, 40 Farbzeichnungen, 8 Bepflanzungspläne, kartoniert. ●●

Häuser in lebendigem Grün
Fassaden und Dächer mit Pflanzen gestalten
(**0846**-5) Von U. Mehl, K. Werk, 88 S., 116 Farbfotos, 4 Farb- und 17 s/w-Zeichnungen, kartoniert. ●●

Wintergärten
Das Erlebnis, mit der Natur zu wohnen. Planen, Bauen und Gestalten.
(**4256**-6) Von LOG ID, 136 S., 130 Farbfotos, 107 Zeichnungen, Pappband. ●●●●

Rund ums Jahr erfolgreich gärtnern
Gewächshäuser
planen · bauen · einrichten · nutzen
(**4408**-9) Von Dr. G. Schoser, J. Wolff, 232 S., 368 Farbabb., 5 s/w-Fotos, Pappband. ●●●●●

Ziergräser
Über 100 Arten erfolgreich kultivieren
(**0829**-5) Von H. Jantra, 104 S., 73 Farbfotos, 6 Farbzeichnungen, kartoniert. ●●

Das moderne Handbuch **Zimmerpflanzen**
(**4416**-X) Von H. Jantra, 304 S., 766 Farbfotos, 64 Farb- und 19 s/w-Zeichnungen, Pappband. ●●●●

365 Erfolgstips für schöne Zimmerpflanzen
(**0893**-7) Von H. Jantra, 144 S., 215 Farbfotos, kartoniert. ●●

Dekorative Blattpflanzen
Auswahl und Pflege
(**1128**-8) Von H. Jantra, 128 S., 198 Farbfotos, 20 Farbzeichnungen, kartoniert. ●●

Prof. Stelzers grüne Sprechstunde
Gesunde Zimmerpflanzen
Krankheiten erkennen und behandeln. Mit neuem Diagnosesystem.
(**4274**-4) Von Prof. Dr. G. Stelzer, 192 S., 410 Farbfotos, 10 s/w-Zeichnungen, Pappband. ●●●●

Hydrokultur
Pflanzen ohne Erde – mühelos gepflegt.
(**0944**-5) Von H.-A. Rotter, 144 S., 167 Farbfotos, 13 Farbzeichnungen, kart. ●●

Bonsai Japanische Miniaturbäume und Miniaturlandschaften. Anzucht, Gestaltung und Pflege.
(**4091**-1) Von B. Lesniewicz, 160 S., 106 Farbfotos, 46 s/w-Fotos, 115 Zeichnungen, gebunden. ●●●●●

Fibel für Kakteenfreunde
(**0199**-1) Von H. Herold, 102 S., 23 Farbfotos, 37 s/w-Abb., kartoniert. ●

Grzimek Juniors **BUNTE TIERWELT**
(**4295**-7) Von Chr. Grzimek, 208 S., 308 Farbfotos, Pappband. ●●●

Hunde
Rassen · Ausbildung · Pflege · Zucht
(**4118**-7) Von H. Bielfeld, 192 S., 222 Farb- und 73 s/w-Abb., Pappband. ●●●●

Das neue Hundebuch
Rassen · Aufzucht · Pflege
(**0009**-X) Von W. Busack, überarbeitet von Dr. med. vet. A. H. Hacker und H. Bielfeld, 112 S., 8 Farbtafeln, 27 s/w-Fotos, 6 Zeichnungen, kartoniert. ●

Alles über Dackel, Teckel und Dachshunde
(**1079**-6) Von M. Wein-Gysae, 80 S., 46 Farbfotos, 2 zweifarbige Zeichnungen, kart. ●●

Hundeausbildung
Verhalten · Gehorsam · Ausbildung
(**0346**-3) Von R. Menzel, 88 S., 26 Fotos, kartoniert. ●

Grundausbildung für Gebrauchshunde
Schäferhund, Boxer, Rottweiler, Dobermann, Riesenschnauzer, Airedaleterrier, Hovawart und Bouvier.
(**0801**-5) Von M. Schmidt und W. Koch. 104 S., 8 Farbtafeln, 51 s/w-Fotos, 5 s/w-Zeichnungen, kartoniert. ●

Der Hund in der Familie
(**1014**-1) Von J. Werner, 128 S., 106 Farbfotos, kartoniert. ●●

Der Deutsche Schäferhund
(**1091**-5) Von U. Förster, 112 S., 47 Farbzeichnungen, 2 s/w-Fotos, kartoniert. ●●

Der Deutsche Schäferhund
Aufzucht, Pflege und Ausbildung
(**0073**-1) Von A. Hacker, 104 S., 56 Abbildungen, kartoniert. ●

Alles über junge Hunde
(**0863**-5) Von Dr. med. vet. E. M. Bartenschlager, 64 S., 49 Farbfotos, 6 Zeichnungen, kartoniert. ●

Richtige Hundeernährung
(**0811**-2) Von Dr. med. vet. E. M. Bartenschlager, 80 S., 51 Farbfotos, 4 Farbzeichn., kartoniert. ●

Hundekrankheiten
(**1077**-X) Von Dr. med. vet. R. Spangenberg, 96 S., 44 Farb- und 1 s/w-Foto, 22 Farbzeichnungen, kartoniert. ●●

Von Ajax bis Zamperl
Die beliebtesten Hunde-Namen
(**1174**-1) Von H.-J. Schließke, ca. 80 S., kartoniert. ●

Katzen
Rassen · Verhalten · Pflege · Zucht
(**4158**-6) Von B. Gerber, 176 S., 294 Farb- und 88 s/w-Fotos, Pappband. ●●●●

Das neue Katzenbuch
Rassen · Aufzucht · Pflege.
(**0427**-3) Von B. Eilert-Overbeck, 120 S., 14 Farbfotos, 26 s/w-Fotos, kartoniert. ●

Katzenkrankheiten
erkennen und behandeln
(**1078**-8) Von Dr. med. vet. R. Spangenberg, 104 S., 40 Farbfotos und 11 Farbzeichnungen, kartoniert. ●●

Junge Katzen
(**0862**-7) Von Dr. med. vet. E. M. Bartenschlager, 72 S., 40 Farbfotos, 4 Farbzeichnungen, kartoniert. ●

Pferde
(**4186**-1) Von H. Werner, 176 S., 196 Farb- und 50 s/w-Fotos, 100 Zeichnungen, Pappband. ●●●●

Reiten im Bild
(**0415**-X) Von H. Werner, 128 S., 142 Farbfotos, 107 Farbzeichnungen, kartoniert. ●●

Der Hobby-Imker
(**0978**-X) Von Dr. R. F. A. Moritz, 144 S., 106 zweifarbige Zeichnungen, kartoniert. ●●

Geflügelhaltung als Hobby
(**0749**-3) Von M. Baumeister, H. Meyer, 184 S., 8 Farbtafeln, 47 s/w-Fotos, 15 zweifarbige Zeichnungen, kartoniert. ●●

Sittiche und kleine Papageien
(**0864**-3) Von Dr. med. vet. E. M. Bartenschlager, 88 S., 84 Farbfotos, 9 Zeichnungen, kartoniert. ●

Alles über Wellensittiche
(**1129**-6) Von H. Bielfeld, 64 S., 53 Farbfotos, 3 Zeichnungen, kartoniert. ●●

Alles über Kanarienvögel
(**0901**-1) Von H. Schnoor, 64 S., 58 Farbfotos und Zeichnungen, kartoniert. ●

Die Tiersprechstunde
Artgerechte Vogelfütterung im Winter
(**0908**-9) Von Dr. W. Keil, 64 S., 51 Farbfotos und Zeichnungen, kartoniert. ●

Süßwasser-Aquarium
(**4191**-8) Von H. J. Mayland, 288 S., 564 Farbfotos, 75 Zeichnungen, Pappband. ●●●●●

Die Tiersprechstunde
Gesunde Fische im Süßwasseraquarium
(**1013**-3) Von H. J. Mayland, 96 S., 73 Farbfotos, 10 Zeichnungen, kartoniert. ●

Tiere im Wassergarten
(**0808**-2) Von Dr. med. vet. E. M. Bartenschlager, 96 S., 84 Farbfotos, 7 Zeichnungen, kartoniert. ●●

Die Tiersprechstunde
Alles über Zwerg- und Goldhamster
(**1012**-5) Von M. Mettler, 96 S., 96 Farbfotos, kartoniert. ●

Alles über Chinchillas und Degus
(**1130**-X) Von M. Mettler, 96 S., 80 Farbfotos, 3 Zeichnungen, kartoniert. ●●

Alles über Meerschweinchen
(**0809**-0) Von Dr. med. vet. E. M. Bartenschlager, 72 S., 43 Farbfotos, 11 Farbzeichnungen, kartoniert. ●

Alles über Igel in Natur und Haus
(**0810**-4) Von Dr. med. vet. E. M. Bartenschlager, 68 S., 51 Farbfotos, kartoniert. ●

Alles über Zwergkaninchen
(**1075**-3) Von M. Mettler, 64 S., 52 Farbfotos, kartoniert. ●

Reise

Vom Morgenland ins Reich der Sonnengöttin
Lebensbilder aus dem Nahen und Fernen Osten. (**4449**-6) Von J. Schneider, H. Schoen, 160 S., 266 Farbfotos, 1 farbige Karte, Pappband. ●●●●

Traumreisen
Unterwegs auf den schönsten Straßen der Welt. (**4468**-2) Von T. Pehle, 192 S., 288 Farbfotos, 12 Zeichnungen, Pappband. ●●●●

Streifzüge durch die deutsche Kulturgeschichte
(**4490**-9) Von L. von Saalfeld, Dr. D. Kreidt, U. Stöckel, A. Hürmer, 208 S., über 100 Farbfotos, 52 Lagepläne, Pappband. ●●●

Der Metternich 90/91
Die besten Adressen für Feinschmecker in Deutschland. (**4488**-7) Hrsg. von P. A. Fürst von Metternich-Winneburg, bearbeitet von C. Arius, 464 S., 366 Farbfotos, 5 Übersichtskarten, Pappband. ●●●●

Berlin
Die neue Metropole
(**1145**-8) Von R. Mader, 96 S., 116 Farbfotos, 15 hist. Landschafts- und Städteabbildungen, 1 Stadtplan, kartoniert. ●●

An der Ostseeküste in Mecklenburg
(**1137**-7) Von R. Mader, 96 S., 94 Farbfotos, 18 hist. Städte- und Landschaftsabbildungen, kartoniert. ●●

Der Thüringer Wald und die Dichterstädte
(**1135**-0) Von R. Mader, 96 S., 95 Farbfotos, 17 hist. Landschafts- und Städteabbildungen, kartoniert. ●●

Der Harz
(**1144**-X) Von R. Mader, 96 S., 100 Farbfotos, 17 hist. Städte- und Landschaftsabbildungen, kartoniert. ●●

Dresden
Barockperle an der Elbe
(**1134**-2) Von R. Mader, 96 S., 97 Farbfotos, 13 hist. Landschafts- und Städteabbildungen, 1 s/w-Foto, 1 aufklappbarer Stadtplan, kart. ●●

Vom Spreewald zur Lausitz
(**1136**-9) Von R. Mader, 96 S., 95 Farbfotos, 11 hist. Landschafts- und Städteabbildungen, 1 Panoramakarte, kartoniert. ●●

FALKEN Video
Reiseziel DDR
(**6061**-0) VHS, ca. 60 Minuten, in Farbe, Kompaktreiseführer mit Panoramakarte im Taschenformat. ●●●●•

FALKEN Video
Reiseziel Berlin
(**6067**-X) VHS, ca. 60 Minuten, in Farbe, Kompaktreiseführer mit Panoramakarte im Taschenformat. ●●●●●•

FALKEN Video
Reiseziel Ostseeküste DDR
(**6062**-9) VHS, ca. 60 Minuten, in Farbe, Kompaktreiseführer mit Panoramakarte im Taschenformat. ●●●●●•

FALKEN Video
Reiseziel USA
Der Südwesten mit LAS VEGAS und den schönsten Sehenswürdigkeiten in den ROCKY MOUNTAINS.
(**6055**-6) VHS, ca. 60 Minuten, in Farbe, Kompaktreiseführer mit Panoramakarte im Taschenformat. ●●●●●•

FALKEN Video
Info-Tour USA
Die Highlights aus dem FALKEN Reiseprogramm New York, Kalifornien, Florida und USA Süd-West.
(**6060**-2) VHS, ca. 30 Minuten, in Farbe. ●•

FALKEN Video
Reiseziel New York
(**6048**-3) VHS, ca. 60 Minuten, in Farbe, mit Begleitbroschüre. ●●●●●•

FALKEN Video
Reiseziel Florida
(**6054**-8) VHS, ca. 60 Minuten, in Farbe, Kompaktreiseführer mit Panoramakarte im Taschenformat. ●●●●●•

FALKEN Video
Reiseziel Kalifornien
San Francisco und die schönsten Ziele in Kalifornien.
(**6049**-1) VHS, ca. 60 Minuten, in Farbe, mit Begleitbroschüre. ●●●●●•

FALKEN Video
Reiseziel Hawaii
(**6063**-7) VHS, ca. 60 Minuten, in Farbe, Kompaktreiseführer mit Panoramakarte im Taschenformat. ●●●●●•

FALKEN Video
Reiseziel Thailand
Exotisches Bangkok, traumhafte Strände, berühmte Tempel und Paläste.
(**6065**-3) VHS, ca. 60 Minuten, in Farbe, Kompaktreiseführer mit Panoramakarte im Taschenformat. ●●●●●•

FALKEN Video
Reiseziel Kanarische Inseln
Schöne Strände, interessante Exkursionen.
(**6065**-5) VHS, ca. 60 Minuten, in Farbe, Kompaktreiseführer mit Panoramakarte im Taschenformat. ●●●●●•

FALKEN Video
Reiseziel Irland
Entdeckungsreise mit Boot und Planwagen, präzise Informationen, praktische Tips.
(**6059**-9) VHS, ca. 60 Minuten, in Farbe, Kompaktreiseführer mit Panoramakarte im Taschenformat. ●●●●●•

FALKEN Video
Reiseziel Norwegen
Rundreise zu den schönsten Fjorden, präzise Informationen, praktische Tips.
(**6058**-0) VHS, ca. 60 Minuten, in Farbe, Kompaktreiseführer mit Panoramakarte im Taschenformat. ●●●●●•

Rat und Wissen

Der gute Ton
in Gesellschaft und Beruf.
(**0063**-4) Von I. Wolter, 80 S., 42 s/w-Fotos, 7 Zeichnungen, kartoniert. ●

Der gute Ton
im Privatleben.
(**1111**-3) Von I. Wolter, bearbeitet von Wolf Stenzel, 104 S., 42 s/w-Abbildungen, kartoniert. ●

Umgangsformen heute
Die Empfehlungen des Fachausschusses für Umgangsformen.
(**4015**-6) 252 S., 108 s/w-Fotos, 17 Zeichnungen, Pappband. ●●●

Benehmen bei Tisch
(**0988**-7) Von I. Cording, 80 S., 90 Farbfotos, 5 s/w-Zeichnungen, kartoniert. ●●

Krawatten
Fliegen, Schals und Tücher gekonnt binden
(**1072**-9) Von Y. Thalheim, H. Nadolny, 48 S., 129 Farbfotos, 1 s/w-Foto, Pappband. ●

Wir heiraten
Ratgeber zur Vorbereitung und Festgestaltung der Verlobung und Hochzeit.
(**4188**-8) Von C. Poensgen, 216 S., 8 s/w-Fotos, 30 s/w-Zeichnungen, 8 Farbtafeln, Pappband. ●●●

Von der Verlobung zur Goldenen Hochzeit
(**0393**-5) Von E. Ruge, 112 S., kartoniert. ●

Hochzeits- und Bierzeitungen
Muster, Tips und Anregungen.
(**0288**-2) Von H.-J. Winkler, mit vielen Text- und Gestaltungsanregungen, 116 S., 15 Abb., 1 Musterzeitung, kartoniert. ●

Die Silberhochzeit
Vorbereitung · Einladung · Geschenkvorschläge · Dekoration · Festablauf · Menüs · Reden · Glückwünsche. (**0542**-3) Von K. F. Merkle, 112 S., 41 Zeichnungen, kart. ●

Wie soll es heißen?
(**0211**-4) Von D. Köhr, 136 S., kartoniert. ●

Unsere beliebtesten Vornamen
(**1023**-0) Von A. F. W. Weigel, 160 S., 75 s/w-Fotos, Pappband. ●●

Kindergedichte, Lieder und Sketche für Hochzeitsfeiern
(**1112**-1) Von B. Lins, 72 S., 26 farbige Abbildungen, 15 Lieder, kartoniert. ●

Kindergedichte zur grünen, silbernen und goldenen Hochzeit
(**0318**-8) Von H.-J. Winkler, 104 S., 20 Abb., kartoniert. ●

Kindergedichte für Familienfeste
(**0860**-0) Von B. H. Bull, 96 S., 20 Zeichnungen, kartoniert. ●

Kindergedichte rund ums Jahr
(**1040**-0) Von A. Schweiggert, 80 S., 49 Zeichnungen, 6 Vignetten, kartoniert. ●

Ins Gästebuch geschrieben
(**0576**-8) Von K. H. Trabeck, 96 S., 24 Zeichnungen, kartoniert. ●

Der Verseschmied
Kleiner Leitfaden für Hobbydichter. Mit Reimlexikon.
(**0597**-0) Von T. Parisius, 96 S., 28 Zeichnungen, kartoniert. ●

Die schönsten Volkslieder
(**0432**-X) Hrsg. D. Walther, 128 S., mit Noten und Zeichnungen, kartoniert. ●

Wo man singt...
Lieder aus Deutschland
(**4507**-7) Hrsg. von R. Werion, Prof. H. Rauhe, H. R. Beierlein, 288 S., 217 Farbzeichnungen, Pappband. ●●●

Neue Glückwunschfibel
für groß und klein. (**0156**-8) Von R. Christian-Hildebrandt, 96 S., 13 Vignetten, kartoniert. ●

Großes Buch der Glückwünsche
(**0255**-6) Hrsg. von O. Fuhrmann, 176 S., 77 Zeichnungen und viele Gestaltungsvorschläge, kartoniert. ●●

Verse fürs Poesiealbum
(**0241**-6) Von I. Wolter, 96 S., 20 Abb., kartoniert. ●

Heiter und besinnliche
Verse fürs Poesiealbum
(**1069**-9) Von B. H. Bull, 160 S., 70 zweifarbige Illustrationen, Pappband. ●●

Reden und Ansprachen
für jeden Anlaß. (**4009**-1) Hrsg. von F. Sicker, 454 S., gebunden. ●●●●

Die Kunst der freien Rede
Ein Intensivkurs mit vielen Übungen, Beispielen und Lösungen.
(**4189**-6) Von G. Hirsch, 232 S., 11 Zeichnungen, Pappband. ●●●

Festreden und Vereinsreden
Muster für alle Gelegenheiten
(**0069**-3) Von K. Lehnhoff, E. Ruge, 96 S., kartoniert. ●

Trinksprüche, Gästebuchverse, Richtsprüche
(**0224**-6) Von D. Kellermann, 96 S., kartoniert. ●

Glückwünsche, Toasts und Festreden zur Hochzeit
(**0264**-5) Von I. Wolter, 112 S., 18 Zeichnungen, kartoniert. ●

Reden zur Taufe, Kommunion und Konfirmation
(**0751**-5) Von G. Georg, 96 S., kartoniert. ●

Reden zu Familienfesten
Musteransprachen für viele Gelegenheiten
(**0675**-6) Von G. Georg, 112 S., kartoniert. ●

Reden im Verein
Musteransprachen für viele Gelegenheiten
(**0703**-5) Von G. Georg, 112 S., kartoniert. ●

Reden zum Jubiläum
Musteransprachen für viele Gelegenheiten
(**0595**-4) Von G. Georg, 112 S., kartoniert. ●

Reden und Sprüche zu Grundsteinlegung, Richtfest und Einzug
(**0598**-0) Von A. Bruder, G. Georg, 96 S., kartoniert. ●

Die überzeugende Rede
Mehr Erfolg durch bessere Rhetorik
(**0076**-6) Von K. Wolter, G. Kunz, 96 S., kartoniert. ●

Moderne Korrespondenz
Handbuch für erfolgreiche Briefe
(**4014**-8) Von H. Kirst und W. Manekeller, 544 S., Pappband. ●●●●

Musterbriefe
für alle Gelegenheiten.
(**0231**-9) Hrsg. von O. Fuhrmann, 240 S., kartoniert. ●●

FALKEN-Software
Musterkorrespondenz in Deutsch, Englisch, Französisch, Italienisch, Spanisch
(**7041**-1) Diskette 5 1/4" für IBM-PC + Kompatible, mit Begleitbroschüre. ●●●●●•

(**7051**-9) Diskette 3 1/2" für IBM-PC + Kompatible, mit Begleitbroschüre. ●●●●●•

FALKEN-Software
TEXAD
Das komfortable Korrespondenzprogramm für den privaten und geschäftlichen Bereich (**7017**-9) 2 Disketten für IBM-PC + Kompatible, 5 1/4", mit Begleitheft, **DM 198,–***, S 1980,-*, SFr 198,–*.
(**7048**-9) Diskette 3 1/2", mit Handbuch. ●●●●●*

(**7049**-7) Demo-Version 5 1/4", o. Handbuch. ●●*

(**7050**-0) Demo-Version 3 1/2", o. Handbuch. ●●*

Privatbriefe
Muster für alle Gelegenheiten. (**0114**-2) Von I. Wolter-Rosendorf, 112 S., kart.●

Erfolgstips für den Schriftverkehr
Briefgestaltung · Rechtschreibung · Zeichensetzung · Stil. (**0678**-0) Von U. Schoenwald, 112 S., kart.●

Geschäftliche Briefe
des Privatmanns, Handwerkers, Kaufmanns (**0041**-3) Von A. Römer, 124 S., kart. ●

Behördenkorrespondenz
Musterbriefe · Anträge · Einsprüche (**0412**-5) Von E.Ruge, 112 S., kart.●

Worte und Briefe der Anteilnahme
(**0464**-8) Von E. Ruge, 96 S., mit vielen Abb., kart. ●

Briefe zu Geburt und Taufe
Glückwünsche und Danksagungen. (**0802**-3) Von H. Beitz, 96 S., 12 Zeichnungen, kart. ●

Briefe zum Geburtstag
Glückwünsche und Danksagungen. (**0822**-8) Von H. Beitz, 104 S., 22 Zeichnungen, kart. ●

Briefe der Liebe
Anregungen für gefühlvolle und zärtliche Worte. (**0903**-8) Hrsg. von H. Beitz, 96 S., 4 Zeichnungen, kart. ●

Erziehungsgeld, Mutterschutz, Erziehungsurlaub
Das neue Recht für Eltern (**0835**-X) Von J. Grönert, 144 S., kart. ●

Liebe ja – Ehe nein
Die nichteheliche Lebensgemeinschaft (**1071**-0) Von T. Drewes, 104 S., 8 s/w-Zeichnungen, kartoniert. ●

Scheidung und Unterhalt
nach dem neuen Eherecht. (**0403**-6) Von T.Drewes, 112 S., mit Kosten und Unterhaltstabellen, kart. ●

Testament und Erbschaft
Erbfolge, Rechte und Pflichten der Erben, Erbschafts- und Schenkungssteuer, Mustertestamente. (**4139**-X) Von T. Drewes, R. Hollender, 304 S., Pappband. ●●●

Der letzte Wille
Ratgeber für Erblasser, Erben und Hinterbliebene in Rechts-, Versorgungs- und Steuerfragen (**0939**-9) Von T. Drewes, 136 S., 9 s/w-Zeichnungen, kart. ●●

Mietrecht
Leitfaden für Mieter und Vermieter (**0479**-6) Von J. Beuthner, 196 S., kart. ●●

Präzise Ratschläge für **Ihre optimale Rente**
Vorbereitung · Berechnungsgrundlagen · Gesetzesänderungen · Individuelle Rechenbeispiele. (**0806**-6) Von K. Möcks, 96 S., 24 Formulare, 1 Graphik, kart. ●

Haushaltstips praktisch und umweltfreundlich
(**1046**-X) Von K. Winkell, 96 S., 36 Zeichnungen, kartoniert. ●

Haushaltstips von A – Z
(**0759**-0) Von A. Eder, 80 S., 30 Zeichnungen, kartoniert. ●

Der Umweltfahrplan
Ein praktischer Ratgeber für Haushalt und Familie
(**1103**-2) Von K. Riedesser, hrsg. von der Aktionsgemeinschaft Umwelt, Gesundheit, Ernährung e. V., Hamburg, 144 S., 34 s/w-Zeichnungen, kart. ●

Wege zum Börsenerfolg
Aktien · Anleihen · Optionen
(**4275**-2) Von H. Krause, 252 S., 4 s/w-Fotos, 86 Zeichnungen, Pappband. ●●●●

FALKEN-Software
Börsenfieber
Spielend spekulieren mit Geld und Aktien (**7016**-0) IBM-PC und Kompatible, Diskette 5 1/4", mit Begleitheft, ●●●●●*

(**7026**-8) für C 64/C 128 PC, mit Begleitheft
(**7027**-6) für Atarai ST 520/1040, mit Begleitheft
(**7028**-4) für Amiga, mit Begleitheft
(**7044**-6) für IBM PC + Kompatible, Diskette 3 1/2", mit Begleitheft.

FALKEN-Software
Börsenfieber
Über 100 neue Ereignisse
(**7066**-7) Diskette 5 1/4" für IBM-PC + Kompatible, mit Begleitbroschüre. ●●●*
(**7067**-5) Diskette 3 1/2" für IBM-PC + Kompatible, mit Begleitheft. ●●●*

FALKEN-Software
Broker King
Cash und crash an der Terminbörse. Mit Warentermingeschäft und Optionshandel (**7057**-8) Diskette 5 1/4" für IBM-PC + Kompatible, mit Begleitbroschüre. ●●●●● *

(**7058**-6) Diskette 3 1/2" für IBM-PC + Kompatible, mit Begleitbroschüre. ●●●●●*

Richtige Groß- und Kleinschreibung
durch neue, vereinfachte Regeln. Erläuterungen der Zweifelsfragen anhand vieler Beispiele.
(**0897**-X) Von Prof. Dr. Ch. Stetter, 96 S., kart. ●

Gutes Deutsch schreiben und sprechen
(**4432**-1) Von W. Manekeller, Dr. G. Reinert-Schneider, 416 S., durchgehend zweifarbig, Pappband. ●●●●

Mehr Erfolg in der Schule
Deutsche Rechtschreibung und Grammatik
Übungen und Beispiele für die Klassen 5-10. (**4407**-0) Von K. Schreiner, 256 S., durchgehend zweifarbig, Pappband. ●●●●

Richtiges Deutsch Rechtschreibung · Zeichensetzung · Grammatik · Stilkunde. (**0551**- 2) Von K. Schreiner, 128 S., 7 Zeichnungen, kart. ●

Besseres Deutsch
Mit Übungen und Beispielen für Rechtschreibung, Diktate, Zeichensetzung, Aufsätze, Grammatik, Literaturbetrachtung, Stil, Briefe, Fremdwörter, Reden.
(**4115**-2) Von K. Schreiner, 444 S., 7 s/w-Fotos, 27 Zeichnungen, Pappband. ●●●

Richtige Zeichensetzung
durch neue, vereinfachte Regeln. Erläuterungen der Zweifelsfragen anhand vieler Beispiele.
(**0744**-4) Von Prof. Dr. Ch. Stetter, 160 S., kart. ●

Diktate besser schreiben
Übungen zur Rechtschreibung für die Klassen 4 bis 8
(**0469**-9) Von K. Schreiner, 152 S., 31 Zeichnungen, kartoniert. ●●

Deutsche Grammatik
Ein Lern- und Übungsbuch
(**0704**-3) Von K. Schreiner, 122 S., kart. ●

Aufsätze besser schreiben
Förderkurs für die Klassen 4 – 10
(**0429**-X) Von K. Schreiner, 144 S., 31 Abb., kartoniert. ●●

Mehr Erfolg in der Schule
Der Deutschaufsatz
Übungen und Beipiele für die Klassen 5-10. (**4271**-X) Von K. Schreiner, 240 S., 4 s/w-Fotos, 51 Zeichnungen, Pappband. ●●●

Mehr Erfolg in der Schule
Deutsch
Textinterpretation, Literaturgeschichte und Stilkunde
(**4483**-6) Von K. Schreiner, 272 S., 43 zweifarbige Zeichnungen, Pappband. ●●●●

Mehr Erfolg in der Schule **Mathematik 1**
Arithmetik und Algebra. Übungen, Beispiele und Lösungen für die Klassen 5 bis 10. (**4420**-8) Von R. Müller-Fonfara, 256 S., 193 Zeichn., 2 s/w-Fotos, Pappband. ●●●

Mehr Erfolg in der Schule
Mathematik 2
Geometrie, Statistik, Wahrscheinlichkeitsrechnung und kaufmännisches Rechnen (**4456**-9) Von R. Müller-Fonfara, W. Scholl, 256 S., 6 s/w-Fotos, 304 Zeichnungen, Pappband. ●●●

Mathematische Formeln für Schule und Beruf
Mit Beispielen und Erklärungen.
(**0499**-0) Von R. Müller-Fonfara, 156 S., 210 Zeichnungen, kart. ●

Schülerlexikon der Mathematik
Formeln, Übungen und Begriffserklärungen für die Klassen 5 – 10
(**0430**-3) Von R. Müller-Fonfara, 176 S., 96 Zeichnungen, kart. ●

Mathematik-Textaufgaben leicht gelöst
Aufgaben · Lösungsstrategien · Anwendungsbeispiele
(**1022**-2) Von R. Müller-Fonfara, 128 S., 4 Zeichnungen, kartoniert. ●●

Rechnen aufgefrischt für Schule und Beruf. (**0100**-2) Von H. Rausch, 144 S., kart. ●

FALKEN-Software
Wirtschaftsrechnen in Beruf und Alltag
(**7037**-3) Diskette für IBM-PC und Kompatible, mit Begleitheft. ●●●●●*

Mehr Erfolg in der Schule
Physik
Mechanik · Wärmelehre · Optik · Elektrizität · Atomphysik
(**4448**-8) Von Dr. T. Neubert, 240 S., 219 Zeichnungen, Pappband. ●●●●

Physik verständlich
Förderkurs für die Klassen 7 bis 10
(**0926**-7) Von Dr. Th. Neubert, 136 S., 146 s/w-Zeichnungen, 166 Aufgaben, kart. ●●

Besseres Englisch
Grammatik und Übungen für die Klassen 5 bis 10.
(**0745**-0) Von E. Henrichs, 144 S., kart. ●●

Mehr Erfolg in der Schule
Englische Grammatik
Regeln und Übungen für die Klassen 5 bis 13 (**4431**-3) Von E. Henrichs-Kleinen, 256 S., durchgehend zweifarbig, Pappband. ●●●

FALKEN-Software
Business English for Secretaries
Lernen und üben in berufsbezogenen Situationen (**7035**-7) Diskette 5 1/4" für IBM-PC + Kompatible, mit Begleitbroschüre. ●●●●●*

(**7059**-4) Diskette 3 1/2" für IBM-PC + Kompatible, mit Begleitbroschüre. ●●●●●*

FALKEN Software
The Grammar-Master
Englische Grammatik üben und beherrschen (**7002**-0) Diskette für den C 64/C 128 PC ●●●●*

(**7030**-6) Diskette für IBM-PC + Kompatible, mit Begleitheft. ●●●●● *

(**7031**-4) Diskette für Atari ST 520/1040, mit Begleitheft. ●●●●● *

(**7032**-2) Diskette für Amiga, mit Begleitheft. ●●●●●*

FALKEN-Software
Vokabeltrainer Englisch
Von B. Hoppius. (**7001**-2) 2 Disketten für C 64/C 128 PC mit Begleitheft. ●●●●●*

(**7007**-1) Wendediskette für Atari ST 520/1040, mit Begleitheft. ●●●●●*

(**7034**-9) Diskette 5 1/4" für IBM-PC + Kompatible, mit Begleitheft. ●●●●●*

(**7084**-5) Diskette 3 1/2" für IBM-PC + Kompatible, mit Begleitheft. ●●●●●*

FALKEN-Software
Vokabeltrainer Französisch
Über 2000 Vokabeln und Redewendungen frei erweiterbar
(**7018**-7) Systemdiskette u. Wendediskette für C 64/C 128 PC, mit Begleitheft, (**7019**-5) Diskette 5 1/4" für IBM-PC und Komp., mit Begleitheft. ●●●●●*

FALKEN-Software
Je finis, tu finis... maitrisez la grammaire française
Französische Grammatik lernen und beherrschen
(**7053**-5) Diskette 5 1/4" für IBM-PC + Kompatible, mit Begleitbroschüre. ●●●●●*

(**7069**-1) Diskette 3 1/2" für IBM-PC + Kompatible, mit Begleitbroschüre. ●●●●●*

FALKEN-Software
Le monde des affaires en français
Wirtschaftsfranzösisch leicht gelernt
(**7064**-3) Diskette 5 1/4" für IBM-PC + Kompatible, mit Begleitbroschüre. ●●●●●*

(**7068**-3) Diskette 3 1/2" für IBM-PC + Kompatible, mit Begleitbroschüre. ●●●●●*

Besseres Französisch
Grammatik und Übungen für die Klassen 9 bis 11
(**1039**-7) Von R. Lübke, 114 S., durchgehend zweifarbig, kartoniert. ●●

FALKEN-Software
Vokabeltrainer Italienisch
Über 2000 Vokabeln und Redewendungen frei erweiterbar.
(**7065**-9) Diskette 5 1/4" für IBM-PC + Kompatible, mit Begleitbroschüre. ●●●●●*

(**7064**-0) Diskette 3 1/2" für IBM-PC + Kompatible, mit Begleitbroschüre. ●●●●●*

FALKEN-Software
Vokabel Trainer Latein
Über 2000 Vokabeln und Redewendungen frei erweiterbar
(**7022**-5) Von B. Hoppius, Wendediskette für C 64/C 128 PC, mit Begleitheft. ●●●●●*

(**7033**-0) Diskette 5 1/4" für IBM-PC + Kompatible, mit Begleitheft. ●●●●●*

(**7085**-3) Diskette 3 1/2" für IBM-PC + Kompatible, mit Begleitheft. ●●●●●*

Schnell und sicher zum Führerschein
Tips und Tricks aus 30jähriger-Fahrschul-Praxis.
(**0921**-6) Von O. Einert, 152 S., 156 Farbfotos, 161 z. T. farb. Zeichnungen, kart. ●●

FALKEN-Software
Schnell und sicher zum Führerschein
Intensivtraining mit dem amtlichen Fragenkatalog
(**7024**-1) Diskette für Atari ST 520/1040, mit Begleitheft. ●●●●● *
(**7029**-2) Diskette für Amiga, mit Begleitheft. ●●●●●*

Erfolgreiche Bewerbung um einen Ausbildungsplatz
(**0715**-9) Von H. Friedrich, 128 S., kart. ●

Bewerbungsstrategien
Erfolgreiche Konzepte für Karrierebewußte
(**1027**-3) Von Dr. W. Reichel, 128 S., kartoniert. ●●

Karriereplanung mit System
Bewerbungsstrategien für erfolgsorientierte Frauen
(**4455**-0) Von R. Ibelgaufts, 144 S., 20 Cartoons, Pappband. ●●

Die Bewerbung
Der moderne Ratgeber für Bewerbungsbriefe, Lebenslauf und Vorstellungsgespräche.
(**4138**-1) Von W. Manekeller, 264 S., Pappband. ●●●

Die erfolgreiche Bewerbung
Bewerbung und Vorstellung
(**0173**-8) Von W. Manekeller, U. Schoenwald, 144 S., kartoniert. ●●

Lebenslauf und Bewerbung
Beispiele für Inhalt, Form und Aufbau
(**0428**- 1) Von H. Friedrich, 112 S., kart. ●

Erfolgreiche Bewerbungsbriefe und Bewerbungsformen
(**0138**-X) Von W. Manekeller, U. Schoenwald, 88 S., kart. ●

Vorstellungsgespräche
sicher und erfolgreich führen.
(**0636**-5) Von H. Friedrich, 144 S., kart. ●

Keine Angst vor Einstellungstests
Ein Ratgeber für Bewerber.
(**0793**-6) Von Ch. Titze. 120 S., 67 Zeichnungen, kart. ●

FALKEN-Software
Einstellungstests
(**7013**-6) Von B. Hoppius, Wendediskette für C 64/C 128 PC, mit Begleitheft. ●●●● *

Die ersten Tage am neuen Arbeitsplatz
Ratschläge für den richtigen Umgang mit Kollegen und Vorgesetzten
(**0855**-4) Von H. Friedrich, 104 S., kart. ●

Zeugnisse im Beruf
richtig schreiben, richtig verstehen
(**0544**-X) Von H. Friedrich, 112 S., kart. ●

So lernt man leicht und schnell
Maschinenschreiben
Lehrbuch für Schulen, Lehrgänge und Selbstunterricht. (**0568**-7) Von M. Kempkes, 112 S., 48 Zeichnungen, kart. ●●

FALKEN-Software
Maschinenschreiben und Tastaturtraining für Computer
(**7009**-8) Von B. Hoppius, Diskette 5 1/4" u. 3 1/2" für IBM-PC + Kompatible, mit Begleitheft. ●●●●●*

Maschinenschreiben im Selbstunterricht
(**0170**-3) Von A. Fonfara, 88 S., kart. ●

Buchführung leicht gemacht
Ein methodischer Grundkurs für den Selbstunterricht. (**4238**-8) Von D. Machenheimer, R. Kersten, 252 S., Pappband. ●●●●

Buchführung leicht gefaßt
Für Handwerker, Gewerbetreibende und freiberuflich Tätige. (**0127**-4) Von R. Pohl, 104 S., kart. ●

Stenografie leicht gelernt
im Kursus oder Selbstunterricht
(**0266**-1) Von H. Kaus, 64 S., kart. ●

Gitarre spielen
Ein Grundkurs für den Selbstunterricht
(**0534**-2) Von A. Roßmann, 96 S., 1 Schallfolie, 150 Zeichnungen, kart. ●●●

Das große Buch der
Antworten auf Kinderfragen
(**4477**-1) Von H. Hofmann, U. Kopp, G. Jankovics u. a., 192 S., 308 Farbzeichnungen, Pappband. ●●●

Das neue, farbige
Jugendlexikon
(**4472**-0) Von J. Frey, D. Rex, 304 Seiten, 269 Farb- u. 52 s/w-Fotos, 6 Farbzeichn., Pappband. ●●●

Das große farbige Kinderlexikon
(**4195**-0) Von U. Kopp, 320 S., 493 Farbabb. 17 s/w-Fotos, Pappband. ●●●

Die Faszination der Philatelie
Briefmarken sammeln
(**4273**-6) Von D. Stein, 212 S., 124 s/w-Fotos, 24 Farbtafeln, Pappband. ●●●

Briefmarken sammeln
(**0481**-8) Von D. Stein, 120 S., 4 Farbtafeln, 98 s/w-Abbildungen, kartoniert. ●

Pfeiferauchen leicht gemacht
Die richtige Art, Tabak zu genießen
(**1026**-5) Von O. Pollner, 112 S., 125 Farbfotos, 5 zweifarbige-Abb., kart. ●●

Umweltschutz
Das Öko-Testbuch zur Eigeninitiative
(**4160**-8) Von M. Häfner, 352 S., 411 Farbfotos, 152 Farbzeichnungen, Pappband. ●●●●

Münzen
Ein Brevier für Sammler.
(**0353**-6) Von E. Dehnke, 128 S., 4 Farbtafeln, 17 s/w-Abb., kart. ●●

Astronomie im Bild
Unser Sternenhimmel rund ums Jahr
(**0849**-X) Von Dr. E. Übelacker, 88 S., 48 Farbfotos, 1 s/w-Foto, 68 Farbzeichn, kart. ●●

Astronomie als Hobby
Sternbilder und Planeten erkennen und benennen.
(**0572**-5) Von D. Block, 176 S., 16 Farbtafeln, 49 s/w-Fotos, 93 Zeichnungen, kart. ●●

Die Handschrift als Spiegel des Charakters
Graphologie
(**1025**-7) Von Dr. W. Busch, 104 S., 87 Schriftproben, kartoniert. ●

Familienforschung · Ahnentafel · Wappenkunde
Wege zur eigenen Familienchronik
(**0744**-2) Von P. Bahn, 128 S., 8 Farbtafeln. 30 Abbildungen, kart. ●●

Familienforschung und Wappenkunde
(**4485**-2) Von P. Bahn, 224 S., 114 zweifarbige Abbildungen, Pappband. ●●●●

Wie Sie im Schlaf das Leben meistern
Schöpferisch träumen
Der Klartraum als Lebenshilfe
(**4258**-2) Von Prof. D. P. Tholey, K. Utecht. 280 S., 1 s/w-Foto, 20 Zeichn., Pappband. ●●●

Traumdeutung
Die Bildersprache unserer Traumwelt entschlüsseln
(**4486**-0) Von G. Fink, 384 S., 74 zweifarbige Fotos, Pappband. ●●●●

Wahrsagen mit Tarot-Karten
(**0482**-6) Von E. J. Nigg, 112 S., 52 s/w-Abb., Pappband. ●

Die 12 Tierzeichen
Chinesisches Horoskop
(**0423**-0) Von G. Haddenbach, 88 S., kartoniert. ●

Die 12 Sternzeichen
Charakter, Liebe und Schicksal.
(**0385**-4) Von G. Haddenbach, 136 S., kart. ●●

Partnerschaftshoroskop
Glück und Harmonie mit Ihrem Traumpartner.
(**0587**-3) Von G. Haddenbach, 112 S., 11 Zeichnungen, kart. ●

Im Zeichen der Sterne
(**0951**-8) Der feurige Widder
(**0952**-6) Der willensstarke Stier
(**0953**-4) Die vielseitigen Zwillinge
(**0954**-2) Der feinfühlige Krebs
(**0955**-0) Der königliche Löwe
(**0956**-9) Die zuverlässige Jungfrau
(**0957**-7) Die charmante Waage
(**0958**-5) Der leidenschaftliche Skorpion
(**0959**-3) Der temperamentvolle Schütze
(**0960**-7) Der treue Steinbock
(**0961**-5) Der selbstbewußte Wassermann
(**0962**-3) Die romantischen Fische
Von G. Haddenbach, 64 S., 35 Farbfotos, Pappband. ●

Humor und Unterhaltung

Heitere Vorträge
(**0528**-8) Von E. Müller, 128 S., 14 Zeichnungen, kart. ●

So feiert man Feste fröhlicher
Heitere Vorträge und Gedichte
(**0098**-7) Von Dr. Allos, 96 S., 15 Abb., kart. ●

Heitere Vorträge und witzige Reden
Lachen, Witz und gute Laune
(**0149**-5) Von E. Müller, 104 S., 44 Abb., kart. ●

Da lacht das Publikum
Neue lustige Vorträge für viele Gelegenheiten.
(**0716**-7) Von H. Schmalenbach, 96 S., kart. ●

Gereimte Vorträge
für Bühne und Bütt.
(**0567**-9) Von G. Wagner, 96 S., kart. ●

Narren in der Bütt
Leckerbissen aus dem rheinischen Karneval.
(**0216**-5) Zusammengestellt von T. Lücker, 112 S., kart. ●

Damen in der Bütt
Scherze, Büttenreden, Sketche
(**0354**-4) Von T. Müller, 136 S., kart. ●

Wir feiern Karneval
Festgestaltung und Reden für die närrische Zeit.
(**0904**-6) Von M. Zweigler, 120 S., 7 Zeichnungen, kart. ●

Helau und Alaaf 1 Närrisches aus der Bütt.
(**0304**-8) Von E. Müller, 112 S., 4 Zeichnungen, kart. ●

Helau und Alaaf 2
Neue Büttenreden für Sie und Ihn
(**0477**-X) Von E. Luft, 96 S., kart. ●

Helau und Alaaf 3
Neue Reden für die Bütt.
(**0832**-5) Von H. Fauser, 112 S., 13 Zeichnungen, kart. ●

Helau und Alaaf 4
Neue Büttenreden für Sie und Ihn
(**0983**-6) Hrsg. H. Fauser, 96 S., 15 s/w-Zeichn., zahlreiche Vignetten, kart. ●

Sketche und Blackouts zum Nachspielen
(**0941**-0) Von E. Cohrs, 112 S., 12 Zeichnungen, kart. ●

Vorhang auf!
Neue Sketche für jung und alt.
(**0898**-8) Von H. Pillau, 96 S., 22 Zeichnungen, kart. ●

Witzige Sketche zum Nachspielen
(**0511**-3) Von D. Hallervorden, 112 S., kart. ●●

Tolle Sketche
mit zündenden Pointen – zum Nachspielen.
(**0656**-X) Von E. Cohrs, 112 S., kart. ●

Vergnügliche Sketche
(**0476**-1) Von H. Pillau, 96 S., 7 Zeichn., kart. ●

Lustige Sketche
Kurze Theaterstücke für Jungen und Mädchen
(**0669**-1) Von U. Lietz, U. Lange, 96 S., kart. ●

Spielbare Witze für Kinder
(**0824**-4) Von H. Schmalenbach, 112 S., 30 Zeichnungen, kart. ●

Die besten Beamtenwitze
(**0574**-1) Von W. Pröve, 80 S., 39 Zeichnungen, kart. ●

Witzig, witzig
(**0507**-5) Von E. Müller, 128 S., 16 Zeichnungen kart. ●

Die besten Kinderwitze
(**0757**-4) Von K. Rank, 112 S., 28 Zeichnungen, kart. ●

Lach mit!
Witze für Kinder, gesammelt von Kindern.
(**0468**-0) Von W. Pröve, 96 S., 17 Zeichnungen, kart. ●

Spiele und Denksport

Neues Buch der siebzehn und vier Kartenspiele
(**0095**-2) Von K. Lichtwitz, 96 S., kart. ●

Alles über Pokern
Regeln und Tricks.
(**2024**-4) Von C. D. Grupp, 112 S., 29 Kartenbilder, kart. ●

Romme' und Canasta
in allen Variationen.
(**2025**-2) Von C. D. Grupp, 88 S., 24 Zeichnungen, kart. ●

Doppelkopf, Schafkopf, Binokel, Cego, Tarock und andere Stammtischspiele.
(**2015**-5) Von C. D. Grupp, 112 S., kart. ●

Black Jack
Regeln und Strategien des Kasinospiels.
(**2032**-3) Von K. Kelbratowski, 88 S., kart. ●

Spielend Skat lernen
unter freundlicher Mitarbeit des Deutschen Skatverbandes.
(**2005**-8) Von Th. Krüger, 120 S., 181 s/w-Fotos, 22 Zeichn., kart. ●

Patiencen
In Wort und Bild. (**2003**-1) Von I. Wolter-Rosendorf, 120 S., kart. ●

Neue Patiencen
(**2036**-8) Von H. Sosna, 160 S., 43 Farbtafeln, kart. ●●

Falken-Handbuch **Bridge**
Von den Grundregeln zum Turnierspiel.
(**4092**-X) Von W. Voigt und K. Ritz, 280 S., 792 Zeichnungen, gebunden. ●●●●

Spielend Bridge lernen
(**2012**-0) Von J. Weiss, 96 S., 58 Zeichnungen, kart. ●

Präzisions-Treff im Bridge
(**2037**-6) Von E. Jannersten, 152 S. kart. ●●

Spieltechnik im Bridge
(**2004**-X) Von V. Mollo und N. Gardener, deutsche Adaption von D. Schröder, 152 S., kart. ●●●

Neue Kartentricks
(2027-9) Von K. Pankow, 104 S., 20 Abb., kart. ●

Das japanische Brettspiel Go
(**2020**-1) Von W. Dörholt, 104 S., 182 Diagramme, kart. ●

Mah-Jongg
Das chinesische Glücks-, Kombinations- und Gesellschaftsspiel. (**2030**-9) Von U. Eschenbach, 80 S., 30 s/w-Fotos, 5 Zeichn., kart. ●

Backgammon
für Anfänger und Könner. (**2008**-2) Von G. W. Fink und G. Fuchs, 104 S., 41 Abb., kart. ●

Das Backgammon-Handbuch
(**4422**-4) Von E. Heyken, M. B. Fischer, 232 S., 400 Abbildungen, Pappband. ●●●●

Würfelspiele
für jung und alt. (**2007**-4) Von F. Pruss, 112 S., 21 s/w-Zeichnungen, kart. ●

Roulette richig gespielt
Systemspiele, die Vermögen brachten.
(**0121**-5) Von M. Jung, 96 S., zahlreiche Tabellen, kart. ●

Spiele für Party und Familie
(**2014**-7) Von Rudi Carrell, 80 S., 22 Zeichnungen, kart. ●

Neue Spiele für Ihre Party
(**2022**-8) Von G. Blechner, 120 S., 54 Zeichnungen, kartoniert. ●

Lustige Tanzspiele und Scherztänze
für Partys und Feste.
(**0165**-7) Von E. Bäulke, 80 S., 53 Abb., kart. ●

Das Spiel mit der Schwerkraft
Jonglieren
Mit Bällen, Keulen, Ringen und Diabolo.
(**1009**-5) Von S. Peter, 80 S., 149 Farbfotos, kartoniert. ●●

Magische Zaubereien
(**0672**-1) Von W. Widenmann, 64 S., 31 Zeichnungen, kart. ●

Zaubern
einfach – aber verblüffend.
(**2018**-X) Von D. Bouch, 84 S., 41 Zeichnungen, kart. ●

Scherzfragen, Drudel und Blödeleien
gesammelt von Kindern.
(**0506**-7) Hrsg. von W. Pröve, 80 S., 57 Zeichnungen, kart. ●

Kinderspiele
die Spaß machen.
(**2009**-0) Von H. Müller-Stein, 104 S., 28 Abb., kart. ●

Kinderspiele mit Buchstaben und Wörtern
(**1041**-9) Von Dr. U. Vohland, 96 S., 53 Zeichnungen, kartoniert. ●

Spiel und Spaß am Krankenbett
für Kinder und die ganze Familie.
(**2035**-X) Von H. Bücken, 96 S., 97 Zeichnungen, kart. ●

Spiele im Freien
(**2038**-4) Von G. Wagner, 88 S., 20 zweif. Zeichnungen, kartoniert. ●

Spiel und Spaß zu Hause
(**2039**-2) Von U. Geißler, 80 S., 90 zweifarbige Abbildungen, kart. ●

Spiel und Spaß auf Reisen
Für Kinder und die ganze Familie
(**1085**-0) Von U. Geißler, 80 S., 107 zweifarbige Zeichnungen, kart. ●

Guten Tag, Kinder!
Neue Texte mit Spielanleitungen fürs Kasperletheater. (**0861**-9) Von U. Lietz, 96 S., 18 s/w-Zeichnungen, kart. ●

Kasperletheater
Spieltexte und Spielanleitungen · Basteltips für Theater und Puppen.
(**0641**-1) Von U. Lietz, 114 S., 4 Farbtafeln, 12 s/w-Fotos, 39 Zeichnungen, kart. ●

Kindergeburtstage, die keiner vergißt
Planung, Gestaltung, Spielvorschläge.
(**0698**-5) Von G. und G. Zimmermann, 104 S., 80 Vignetten, kart. ●

Kindergeburtstag
Vorbereitung, Spiel und Spaß.
(**0287**-4) Von Dr. I. Obrig, 136 S., 40 Abb., 11 Zeichnungen, 9 Lieder mit Noten, kart. ●

Unvergeßliche Kinderfeste
Tolle Dekorationen, Spiele, Sketche für drinnen und draußen
(**4457**-7) Von Dr. G. Hennekemper, 192 S., 111 Farbfotos, 214 Farb- und 14 s/w-Zeichnungen, 4 Seiten Schnittmuster, Pappband. ●●●

Knobeleien und Denksport
(**2019**-8) Von K. Rechberger, 142 S., 105 Zeichnungen, kart. ●

Das Super-Kreuzwort-Rätsel-Lexikon
Über 150.000 Begriffe.
(**4279**-5) Von H. Schiefelbein, 688 S., Pappband. ●●

Computerbücher und Software

FALKEN Computer Lexikon
(**4185**-3) 312 S., 173 s/w-Fotos, Pappband. ●●●

Computer-Grundwissen
Eine Einführung in Funktion und Einsatzmöglichkeiten. (**4359**-7) Von Chr. T. Wolff, 176 S., 193 Farb- und 12 s/w-Fotos, 37 Computergrafiken, kartoniert. ●●● (**4358**-9) Pappband. ●●●●

Daten-Fernübertragung
Vom Akustikkoppler bis zum lokalen Netzwerk
(**4325**-2) Von P. C. den Heijer, R. Tolsma, 272 S., zahlreiche Abb., kartoniert. ●●●●●

Microsoft Excel
Tabellenkalkulationen, Geschäftsgrafik und Datenbank im Selbststudium für alle Versionen bis 2.1. Mit Tutor-Diskette.
(**4333**-3) Von P. Vogel, M. Hofmann, 176 S., 112 zweifarbige Abb., kartoniert. ●●●●●

Desktop Publishing: Typografie und Layout
Seiten gestalten am PC · für Einsteiger und Profis
(**4330**-9) Von Dr. H. D. Baumann, M. Klein, 320 S., zahlreiche zweifarbige Abb., Pappband. ●●●●●

Einführung in Pascal
Garantiert Pascal lernen durch schrittweise Erarbeitung
(**4329**-5) Von R. Röder, 270 S., durchgehend zweifarbig, Pappband. ●●●●●

Einführung in C
(**4336**-8) Von A. Janka, P. Welzig, 270 S., zahlreiche Abbildungen, mit Begleitdiskette 5 1/4", Pappband. ●●●●●

PC HELP!
CONFIG.SYS und AUTOEXEC. BAT
Optimale Systemkonfiguration
(**4338**-4) Von A. Görgens, 64 S., ca. 50 s/w-Abbildungen und Grafiken, kartoniert. ●●

PC HELP!
DOS-Kommandos richtig nutzen
(**4339**-2) Von A. Görgens, 64 S., ca. 50 s/w-Abbildungen und Grafiken, kartoniert. ●●

PC HELP!
Dateien retten mit Norton Utilities und PC-Tools
(**4340**-6) Von A. Görgens, 64 S., ca. 50 s/w-Abbildungen und Grafiken, kartoniert. ●●

PC HELP!
Batch-Dateien – DOS-Abläufe selber festlegen
(**4341**-4) Von A. Görgens, 64 S., ca. 50 s/w-Abbildungen und Grafiken, kartoniert. ●●

PC HELP!
Word – Serienbriefe
(**4342**-2) Von P. Vogel, 64 S., ca. 50 s/w-Abbildungen und Grafiken, kartoniert. ●●

PC HELP!
Geschäftsgrafiken mit Lotus 1-2-3
(**4343**-0) Von P. Vogel, 64 S., ca. 50 s/w-Abbildungen und Grafiken, kartoniert. ●●

PC HELP!
Die ersten Schritte mit dem PC
(**4344**-9) Von P. Vogel, H. Ebsen, 64 S., ca. 50 s/w-Abbildungen und Grafiken, kart. ●●

PC HELP!
Mehr Speicher unter DOS nutzen
(**4345**-7) Von K.O. Kuhl, 64 S., ca. 50 s/w-Abbildungen und Grafiken, kartoniert. ●●

PC HELP!
Viren erkennen und beseitigen
(**4346**-5) Von M. Hofmann, 64 S., ca. 50 s/w-Abbildungen und Grafiken, kartoniert. ●●

PC HELP!
dBASE-Relationen richtig nutzen
(**4347**-3) Von M. Hofmann, 64 S., ca. 50 s/w-Abbildungen und Grafiken, kartoniert. ●●

PC HELP!
Termine steuern mit FRAMEWORK III
(**4348**-1) Von M. Hofmann, 64 S., ca. 50 s/w-Abbildungen und Grafiken, kartoniert. ●●

PC HELP!
Listendruck mit dBASE und kompatiblen Programmen
(**4349**-X) Von M. Hofmann, 64 S., ca. 50 s/w-Abbildungen und Grafiken, kartoniert. ●●

FALKEN Software
Einstellungstets
Die optimale Vorbereitung für Bewerber
(**7013**-6) Wendediskette für C 64/C 128 PC, mit Begleitheft. ●●●●•

FALKEN Software
Schnell und sicher zum
Führerschein
Intensivtraining mit dem amtlichen Fragenkatalog
(**7024**-1) für Atari ST 520/1040, mit Begleitheft. ●●●●●•
(**7029**-2) f. Amiga, mit Begleitheft. ●●●●●•

FALKEN Software
Maschinenschreiben und Tastaturtraining für Computer
(**7009**-8) Von B. Hoppius, Diskette 5 1/4" u. 3 1/2" für IBM PC + Kompatible, mit Begleitheft. ●●●●●•

FALKEN Software
Musterkorrespondenz in Deutsch, Englisch, Französisch, Italienisch, Spanisch
(**7041**-1) Diskette 5 1/4" für IBM-PC + Kompatible, mit Begleitbroschüre. ●●●●●•
(**7051**-9) Diskette 3 1/2" für IBM-PC + Kompatible, mit Begleitbroschüre. ●●●●●•

FALKEN Software
TEXAD
Text- und Adressenverwaltung
Mit Musterbriefen und Formularen für den privaten und geschäftlichen Bereich
(**7017**-9) für IBM-PC und Kompatible, Disk, 5 1/4", mit Begleitheft. ●●●●●•
(**7048**-9) Diskette 3 1/2", mit Handbuch. ●●●●●•
(**7049**-7) Demo-Version 5 1/4", ohne Handbuch. ●●•
(**7050**-0) Demo-Version 3 1/2", ohne Handbuch. ●●•

FALKEN Software
DOS-Tutor
DOS lernen, üben und beherrschen
(**7020**-9) Diskette 5 1/4" für IBM PC + Kompatible, mit Begleitheft. ●●●●●•
(**7021**-7) Diskette 3 1/2" für IBM PC + Kompatible, mit Begleitheft. ●●●●●•

FALKEN Software
Wirtschaftsrechnen in Beruf und Alltag.
(**7037**-3) Diskette für IBM PC + Kompatible, mit Begleitheft. ●●●●●•

FALKEN Software
Vokabeltrainer Englisch
Über 2000 Vokabeln und Redewendungen
(**7001**-2) Disk. für C 64/C 128 PC, mit Begleitheft ●●●●●•
(**7007**-1) Disk. für Atari ST 520/1040, mit Begleitheft. ●●●●●•

FALKEN Software
Take a Trip to Britain
Spielend Englisch lernen mit dem Computer
(**7004**-7) Diskette für C 64/C 128 PC, mit Begleitheft. ●●●●•
(**7039**-X) Diskette 5 1/4" für IBM-PC + Kompatible, mit Begleitheft. ●●●●●•

FALKEN Software
The Grammar Master
(**7002**-0) Diskette für C 64/C 128 PC, mit Begleitheft. ●●●●•
(**7030**-6) für IBM PC + Kompatible, mit Begleitheft. ●●●●●•
(**7031**-4) für Atari ST 520/1040, mit Begleitheft. ●●●●●•
(**7032**-2) für Amiga, mit Begleitheft. ●●●●●•

FALKEN Software
From Coast to Coast
Travelling through the USA
(**7040**-3) Diskette 5 1/4" für IBM-PC + Kompatible, mit Begleitbroschüre. ●●●●●•
(**7061**-6) Diskette 3 1/2" für IBM-PC + Kompatible, mit Begleitbroschüre. ●●●●●•

FALKEN Software
Vokabeltrainer Französisch
Über 2000 Vokabeln und Redewendungen frei erweiterbar.
(**7018**-7) Systemdisk. + Wendedisk. für C 64/C 128 PC, mit Begleitheft. (**7019**-5) Disk. für IBM-PC + Kompatible, mit Begleitheft. ●●●●●•

FALKEN Software
Je finis, tu finis... maîtrisez la grammaire française
Französische Grammatik lernen und beherrschen
(**7053**-5) Diskette 5 1/4" für IBM-PC + Kompatible, mit Begleitbroschüre. ●●●●●•
(**7069**-1) Diskette 3 1/2" für IBM-PC + Kompatible, mit Begleitbroschüre. ●●●●●•

FALKEN Software
Le monde des affaires en français
Wirtschaftsfranzösisch leicht gelernt
(**7054**-3) Diskette 5 1/4" für IBM-PC + Kompatible, mit Begleitbroschüre. ●●●●●•
(**7068**-3) Diskette 3 1/2" für IBM-PC + Kompatible, mit Begleitbroschüre. ●●●●●•

FALKEN Software
Vokabeltrainer Italienisch
Über 2000 Vokabeln und Redewendungen frei erweiterbar.
(**7065**-9) Diskette 5 1/4" für IBM-PC + Kompatible, mit Begleitbroschüre. ●●●●●•
(**7064**-0) Diskette 3 1/2" für IBM-PC + Kompatible, mit Begleitbroschüre. ●●●●●•

FALKEN Software
Vokabeltrainer Latein
Über 2000 Vokabeln und Redewendungen frei erweiterbar.
(**7022**-5) Von B. Hoppius, 2 Wendedisketten für C 64/C 128 PC, mit Begleitheft.
(**7033**-0) Diskette für IBM-PC + Kompatible, mit Begleitheft. ●●●●●•

FALKEN Software
Börsenfieber
Spielend spekulieren mit Geld und Aktien
(**7016**-0) für IBM PC + Kompatible, Diskette 5 1/4", mit Begleitheft. ●●●●●•
(**7026**-8) für C 64/C 128 PC mit Begleitheft,
(**7027**-6) für Atari ST 520/1040, mit Begleitheft, ●●●●●•
(**7028**-4) für Amiga, mit Begleitheft. ●●●●●•
(**7044**-6) für IBM PC + Kompatible, Diskette 3 1/2", mit Begleitheft. ●●●●●•
(**7038**-1) für C 64/128 C Kassette, mit Begleitheft, ●●●●•

FALKEN Software
Börsenfieber
Über 100 neue Ereignisse
(**7066**-7) Diskette 5 1/4" für IBM-PC + Kompatible, mit Begleitbroschüre. ●●●•
(**7067**-5) Diskette 3 1/2" für IBM-PC + Kompatible, mit Begleitbroschüre. ●●●•

FALKEN Software
Broker King
Cash und crash an der Terminbörse
(**7057**-8) Diskette 5 1/4" für IBM-PC + Kompatible, mit Begleitbroschüre. ●●●●●•
(**7058**-6) Diskette 3 1/2" für IBM-PC + Kompatible, mit Begleitbroschüre. ●●●●●•

Video

Hobby Aquarellmalen
Landschaft und Stilleben
(**6022**-X) VHS, 40 Min., in Farbe, mit Begleitheft. ●●●●*

Hobby Ölmalerei
Landschaft und Stilleben
(**6025**-4) VHS, 40 Min., in Farbe, mit Begleitheft. ●●●●*

Basteln mit Kindern
(**6041**-6) VHS, 60 Min., in Farbe, mit Vorlagen in Originalgröße, mit Begleitheft. ●●●*

Die Modelleisenbahn
Anlagenbau in Modultechnik
(**6028**-9) VHS, 30 Min., in Farbe. ●●●●*

Fit und Gesund
Körpertraining und Bodybuilding zu Hause
(**6013**-0) VHS, 30 Min., in Farbe, mit Begleitheft. ●●●●*

Golf
(**6053**-X) VHS, 60 Min., in Farbe, mit Begleitheft. ●●●●●*

Pflanzenjournal
Blumen- und Pflanzenpflege im Jahreslauf
(**6036**-X) VHS, 30 Min., mit Begleitheft. ●●●●*

Schnitt und Pflege von Bäumen und Sträuchern
(**6050**-5) VHS, 45 Min., in Farbe, mit Begleitheft. ●●●●*

Aktfotografie
Gestaltung/Technik/Spezialeffekte
Interpretationen zu einem unerschöpflichen Thema
(**6001**-7) VHS, 60 Min., in Farbe, mit Begleitheft. ●●●●●*

Videografieren
Technik/Bildgestaltung/Schnitt/Vertonung, Filmen mit Video 8
(**6031**-9) VHS, 60 Min., in Farbe, mit Begleitheft. ●●●●●*

Videografieren perfekt
Profitricks für Aufnahmetechnik und Nachbearbeitung
(**6042**-4) VHS, (**6043**-2) Beta, (**6044**-4) Video 8, 60 Min., in Farbe, mit Begleitheft. ●●●●●*

Streicheleinheiten für Körper und Seele
Partnermassage
(**6051**-3) VHS, 45 Min., in Farbe, mit Begleitheft. ●●●●●*

Reiseziel **New York**
Die schönsten Sehenswürdigkeiten, präzise Informationen, praktische Tips
(**6048**-3) VHS, 60 Min., in Farbe, mit Begleitheft. ●●●●●*

Reiseziel **Kalifornien**
San Franzisko und die schönsten Ziele in Kalifornien.
Präzise Informationen und praktische Tips
(**6049**-1) VHS, 60 Min., in Farbe, mit Begleitbroschüre. ●●●●●*

Reiseziel **Florida**
(**6054**-8) VHS, 60 Min., in Farbe, mit Begleitheft. ●●●●●*

Reiseziel **Hawaii**
Das Paradies im Stillen Ozean
(**6063**-7) VHS, ca. 60 Min., in Farbe, Timecode, Kompaktreiseführer mit Panoramakarte im Taschenformat. ●●●●●*

Info-Tour USA
Die Highlights aus dem FALKEN Reiseprogramm
(**6060**-2) VHS, 30 Min., in Farbe, mit Begleitheft. ●*

Reiseziel **USA**
(**6055**-6) VHS, 60 Min., in Farbe, mit Begleitheft. ●●●●●*

Reiseziel **Irland**
(**6059**-9) VHS, 60 Min., in Farbe, mit Begleitheft. ●●●●●*

Reiseziel **Norwegen**
Rundreise zu den schönsten Fjorden, präzise Informationen, praktische Tips.
(**6058**-0) VHS, ca. 60 Min., in Farbe, Timecode, Kompaktreiseführer mit Panoramakarte im Taschenformat. ●●●●●*

Reiseziel **Kanarische Inseln**
Schöne Strände, interessante Exkursionen
(**6064**-5) VHS, ca. 60 Min., in Farbe, Timecode, Kompaktreiseführer mit Panoramakarte im Taschenformat. ●●●●●*

Reiseziel **Thailand**
(**6065**-3) VHS, ca. 60 Min., in Farbe, Timecode, Kompaktreiseführer mit Panoramakarte im Taschenformat. ●●●●●*

Reiseziel **Berlin**
Kultur, Shopping, Erlebnis
(**6067**-X) VHS, ca. 60 Min., in Farbe, Timecode, Kompaktreiseführer mit Panoramakarte im Taschenformat. ●●●●●*

Körpersprache
verstehen und deuten
(**6046**-7) VHS, 60 Min., in Farbe, mit Begleitheft. ●●●●●*

Das erfolgreiche Vorstellungsgespräch
(**6047**-5) VHS, 60 Min., in Farbe, mit Begleitheft. ●●●●●*

Bestellschein

Erfüllungsort und Gerichtsstand für Vollkaufleute ist der jeweilige Sitz der Lieferfirma. Für alle übrigen Kunden gilt dieser Gerichtsstand für das Mahnverfahren. Falls durch besondere Umstände Preisänderungen notwendig werden, erfolgt Auftragserledigung zu dem bei der Lieferung gültigen Preis.

Ich bestelle hiermit aus dem Falken-Verlag GmbH, Postfach 1120, D-6272 Niedernhausen/Ts., durch die Buchhandlung:

Ex.

Ex.

Ex.

Ex.

Name: Datum:

Straße:

Ort: Unterschrift:

Die hier vorgestellten Bücher, Videokassetten und Software sind in folgende Preisgruppen unterteilt:

● Preisgruppe bis DM 10,–/S 79,–/SFr 10,–
●● Preisgruppe über DM 10,– bis DM 20,– S 80,– bis S 160,– SFr 10,– bis SFr 20,–
●●● Preisgruppe über DM 20,– bis DM 30,– S 161,– bis S 240,– SFr 20,– bis SFr 29,–
●●●● Preisgruppe über DM 30,– bis DM 50,– S 241,– bis S 400,– SFr 29,– bis SFr 48,–
●●●●● Preisgruppe über DM 50,–/S 401,–/SFr 48,–
*(unverbindliche Preisempfehlung)

Die Preise entsprechen dem Status beim Druck dieses Verzeichnisses (s. Seite 1) – Änderungen, im besonderen der Preise, vorbehalten –

Falken-Verlag GmbH · Postfach 1120 FALKEN D-6272 Niedernhausen/Ts. · Tel.: 0 61 27/70 20